알면서도 몰랐던 장애 이야기

이준우·이진영 지음

도서출판 피란마음

| 차 례 |

장애를 갖고 사는 사람들도 불편 없이 살 수 있어야 하는데 세상은 그리 녹록치 않다.

이 책을 함께 쓴 이진영도 장애 당사자로서 꿋꿋하게 살지만 결코 편안할 수 없는 사회적 환경과 편견, 혐오에 맞서 투사처럼 살아가고 살아낸다. 워낙 낙천적이라서 그런지 그녀는 툭 내뱉는다. '살다 보니 살아졌다'고 말이다. '하하!' 그러고는 깔깔댄다.

학부 2학년 때부터 박사과정 수료하고 지금 한창 박사학위논문을 쓰고 있는 이 시점까지 지도교수로 함께 하고 있는 이준우가 보기에는 '이해가 안 될 만큼 과도하게' 밝고 쾌활하게 사는 제자가 이진영이다.

이진영은 근이양증이라고 흔히 불리는 중증 근육장애인이다. 스승의 눈으로 보기에는 제자의 장애는 무척 심하다. 그래도 박사과정까지 열심히 달려와서 좋다.

사실 지금은 특별히 제작된 휠체어라든지 비틀어져 굽어진 척추며 스스로의 힘으로 움직일 수 없는 몸만 빼면 전혀 특이한 사항을 느끼지 못할 정도로 제자에게 익숙해졌다. 한 번도 장애를 극복하라거나 장애와 한판 붙어서 승리하라는 등 희한한 이야기를 한 적이 없다. 그런데도 신통방통하게 잘 지내왔다. 물론 요즘은 박사학위논문을 쓴다고 꽤나 낑낑댄다.

▲ 이준우와 이진영의 모습(2013년 여름, 이준우의 연구실)

이준우에게 이진영은 장애인이 아닌 그저 여느 제자와 다를 바 없는 사람이다. 장애가 아닌 사람인 거다. 조금은 다른 사람이랄까, 차이가 있는 거다. 키가 크고 작은 것처럼, 뚱뚱하고 마른 것처럼 말이다.

그런데 우리 사회는 어떠한가?

장애를 차이가 아닌 차별로 만들어버린다.

겉으로 표가 날 정도로 배제와 차별을 하는 경우들도 여전하지만 암묵적으로 이뤄지는 소외와 혐오도 상당해 보인다. 장애로 인한 불이익과 한계가 사회 곳곳에서 드러난다.

장애인복지 현장에서 장애인의 권리증진을 위해 직접적으로 일하는 성남시장애인권리증진센터에서는 이러한 현실을 더욱 체감했을 것이다. 그래서 센터에서 상담하고 다루었던 실제 사례들을 엮어 '장애인식개선과 장애인 권리증진'을 위해 도움이 될 사례집을 세상에 내놓고 싶다며 찾아왔다. 우리 두 사람이 흔쾌히 허락한 이유 역시 장애를 갖고 있는 사람들을 차별의 프레임에 가두는 사회의 현실에 대한 안타까움이 강하게 있었기 때문이다.

장애에 대한 이해가 부족한 한국 사회이기에 장애인을 오해하고 차별하는 건 어쩌면 당연한 모습일지도 모를 것이라는 생각과 함께 장애인복지를 전공한 스승과 제자가 마땅히 사명으로 해야 할 일은 대사회적인 장애인식개선이라는 일종의 소명감이 분명 작용했을 것이다.

그런데 막상 책을 쓰기 위해 센터로부터 제공받은 사례들을 접하면서 무척 당혹스러웠다. 아직도 이런 일들이 일어날 수 있는지에 대한 슬픔과 분노가 밀려왔다. 절대 일어나서는 안 될 일들이 장애를 갖고 있는 사람들에게 벌어지고 있는 현실을 적나라하게 보게 되었다. 이 내용들을 어떻게 정리할지 고심을 거듭했다. 실제 모습이기는 하지만 이런 사례들이 모든 장애인들의 삶을 대표할 수 있을지를 고민할 수밖에 없었다.

본 서는 장애에 대한 비장애인의 인식을 바르게 형성하는 데에 제일선의 목표로 두고 기획되었기 때문에 장애라는 현상을 최대한 있는 그대로의 모습으로 표출시킬 필요가 있었다.

하지만 마음을 추스르고 아주 심각한 사례들은 제외하였다. 너무 특별한 사례들은 오히려 평범한 삶을 살아가는 장애인의 모습을 오도시킬 가능성이 있기 때문이다. 그럼에도 불구하고 장애로 인해 발생하는 삶의 모습들을 각 장애 영역별로 오롯이 나타낼 수 있도록 애썼다. 그러면서도 일상에서 장애인들이 알게 모르게 겪게 되는 차별부터 범죄

▲ 책을 집필하는 이준우와 이진영의 고군분투하는 모습
(2022년 가을과 겨울 사이, 이준우의 연구실)

에 악용된 심각한 사례에 이르기까지 다양한 스토리를 담아내기 위해 성남시장애인권리증진센터에서 제공해준 자료들과 함께 이준우 교수가 그동안 쓴 책들 가운데서 제시했던 사례들, 구체적으로 이준우 교수가 번역하여 도서출판 파란마음에서 출간했던 『장애인과 함께하는 사회복지실천』과 이준우와 최희철이 함께 양서원 출판사에서 출간했던 『장애인복지론』, 이준우가 나남출판사에서 출간했던 『농인의 삶과 수화언어』 등에 제시되었던 사례들을 인용하여 재구성하고 정리하는 경우들도 생겼다. 본 서를 읽는 독자가 장애에 대한 이해를 스스로 충분하게 기할 수 있게끔 하기 위함이었다. 동시에 누구나 읽고 이해할 수 있도록 최대한 쉽게 글을 쓰고자 했다.

쉽지는 않았다.

학술적 글쓰기에 익숙해 있는 중견의 사회복지 학자와 학위논문과

학술지, 연구보고서 등 논리적이며 실증적인 글을 마구 써대야 하는 신참 연구자의 입장에서 글을 재미있고 흥미로우면서도 쉽게 쓰기란 결코 만만치 않은 작업이었다. 성남시장애인권리증진센터에서는 신파가 되어서도 안 되고 '그것이 알고 싶다!'와 같은 불의에 맞서는 탐사보고서 부류도 안 되면서도, 따뜻하며 동시에 담백한 내용으로 장애와 장애인의 삶을 반영하는 책이 되어야 한다고 신신당부를 했다. 하여 우리 두 사람은 시간을 많이 들여 글을 쓰고자 했는데 진도는 나가지 않는 매우 특이한 현상이 일어났다. 실제 장애인들의 인권침해 사례를 엮은 책이다보니 개인정보 보호에도 각별히 신경써 달라는 당부까지 더해져 가명 처리부터 개인을 특정할 수 없도록 하기 위한 온갖 고민으로 혼돈의 시간을 보냈다. 그렇게 두 저자는 수개월 씨름을 한 끝에 간신히 집필의 방향을 정하고 써내려가기 시작했다.

한편 사례집이라고 하지만 독자들 중에는 장애에 대해 어느 정도 아는 사람도 있고 아예 모르는 사람도 있을 터이니 다짜고짜 사례부터 들이미는 건 너무 불친절한 책이 아니겠는가! 따라서 '친절한 두 저자'는 책의 내용을 제1부와 제2부로 나누어 구성하기로 했다.

제1부 '장애에 관한 개괄적인 이야기'에서는 기본적인 장애 개념에 대한 이야기와 장애를 입게 된 시기에 따라 장애를 수용하게 되는 과정에 관한 이야기, 장애인을 둘러싼 관계와 장애인과 연결된 사람들이 장애를 바라보는 시선에 대한 이야기 그리고 장애 유형과 상황에 따라 장애인들이 경험하는 제한과 편견의 상황에 대한 이야기 등을 다루었다.

제2부 '장애 영역별 세부 이야기'에서는 장애 당사자들의 실제 사례를 이야기체로 풀어내어 그들의 삶을 독자들에게 전하고자 했다. 각 장은 지체장애와 뇌병변장애, 시각장애, 청각장애, 정신장애, 발달장애의 이야기로 구성하였다.

장애인이 일상 속에서 경험하는 차별과 편견, 배제의 상황은 무수히 많다. 장애인을 차별하지 못하도록 정한 법인 「장애인차별금지 및 권리구제 등에 관한 법률」 안에 교육, 고용 등을 비롯해 모·부성권 및 성, 재화와 용역의 제공 및 이용, 건강권에 이르기까지 우리 삶의 전 영역에서 장애인을 차별하거나 장애를 이유로 배제해서는 안 된다고 명시하고 있다. 따라서 각 장마다 단순히 장애 유형뿐만 아니라 이러한 삶의 영역과 상황 등을 대표할 수 있는 사례들로 엮어냈다.

제2부에서 다룬 사례들을 보고 독자들은 '아직도 이런 일이?'라며 놀랄 수 있을 것이다. 각 영역에서 차별을 한 것은 물론이고 심지어 장애를 범죄에 이용한 사례까지 있으니 말이다.

하지만 거듭 말씀드린다. 저자들도 분노를 애써 가라앉히고 거르고 거른 사례가 2부에서 다룬 것들이라고.

이제부터 장애 이야기 속으로 들어가 보자!

제 1 부

장애에 관한 개괄적인 이야기

제1장 사회적 통념과 올바른 장애 개념에 관한 이야기

제2장 장애 발생과 직후의 이야기

제3장 장애로 인해 직면한 세계에 관한 이야기

제4장 제한과 편견의 장애 이야기

제 1 장

사회적 통념과 올바른 장애 개념에 관한 이야기

이야기 들어가기

장애에 대한 이해는 중요하다. 장애 당사자와 그 가족, 동네 사람들과 지역 사회에서 살아가는 많은 사람들이 장애와 장애인에 대한 올바른 이해를 가지는 일은 필요하다.

장애에 대해 올바르게 인식하지 못하면 장애를 갖고 사는 사람들과 그렇지 않은 사람들이 함께 어울려 살아갈 수 없다.

누군가와 함께 살아가기 위해서는 그 누군가라는 대상을 알고 이해해야 한다. 헤어지면 죽을 것처럼 뜨겁게 연애하다가 결혼해도 신혼 초에는 박 터지게 싸운다고 한다. 서서히 서로 맞춰가면서부터 싸움이 점차 잦아든다. 물론 그렇지 않을 수도 있겠지만 대체로 사람들이 그렇게들 말한다. 중요한 것은 사랑을 하든, 함께 살든, 아니면 무언가라도 상호 연결되기 위해서는 서로 이해함이 필요하다.

오해는 반드시 관계의 파국을 부르기 마련이다.

이야기 살펴보기

장애를 오해하는 사회적 통념에 대한 이야기

한국 사회에는 아직도 장애에 대한 잘못된 오해가 사회적 통념으로 굳어져 있다. 일반적으로 가장 흔한 장애인에 대한 사회적 통념은 장애를 인간의 생물학적이며 신체적인 현상으로만 귀결시키는 인식이다. 즉, 장애는 신체적 손상이라는 원인과 그 손상으로 인해 생긴 결과로 보는 것이다.

이게 무슨 말인가! 조금 어려울 수 있겠지만 차근차근 설명해보려고 한다. 그러니까 장애를 가진 사람이 어떤 문제들에 직면했을 때, 그 문제들이 장애로 인해 야기되었다고 추정하는 것이다. 이는 일면 일리가 있다. 하지만 장애인이 직면하고 있는 문제와 그 문제의 원인 사이에는 무한정으로 다양한 가능성을 갖고 있는 여러 변인이 있음을 깨달아야 한다. 아! 세상이 얼마나 복잡한지를 조금만 생각해보면 이 말이 무슨 말인지는 충분히 이해할 수 있다.

문제는 이와 같은 생각에 몰입되면 '사람'이 아니라 '장애'가 중심에 있게 되고, 그 장애가 '인간으로서의 사람'의 문제에 있어서 강력한 근본적인 원인으로 급부상되도록 한다.

이때부터 인간은 사라지고 장애만 부각된다.

이는 결과적으로 장애가 장애를 가진 사람의 자기정체성, 자아존중감, 대인관계, 사회적 지지 체계 등을 형성하는 데에 결정적인 역할을 한다는 여론을 형성한다. 장애가 장애인의 심리사회적인 기능들을 작동하는 데에 커다란 영향을 미친다고 이끈다. 예를 들면 장애를 가진 사람의 성격과 삶에 대한 태도, 타인과의 원활한 관계 형성, 다양한 사회생활을 수행하는 역량 등이 장애로 인해 거의 영향을 받는다는 것이다.

한편 최근의 장애에 대한 인식들은 이와 같은 장애의 '원인 탐색'에 대하여 사회 관습적 문화 · 환경의 영향을 고려한다. 천만다행이다!

인생 가운데에서 얻게 되는 삶의 경험들, 장애가 발생했을 때의 연령, 장애로 인한 사회적 불이익들 그리고 장애인 본인의 집, 학교, 직장, 놀이 등에서 나타나는 사회적 · 문화적 · 환경적 요소 등으로부터 더욱 크게 영향을 받는다는 견해가 강력하게 대두되었다.

어쨌든 오늘 한국 사회에서 장애를 갖는다는 것은 도움이나 돌봄, 사회적 지원과 같은 동의어로 단정되는 경우가 빈번하다. 장애가 무력감 그리고 의존감과 연관되는 것으로 고착되었고, 장애를 가진 사람들이 사회적 고립의 상태에서 다른 사람들과 종종 분리되어져 왔지만 이는 사회 안에서 장애를 가진 사람들이 언제나 반드시 한 번쯤은 경험해야 할 불가피한 숙명이라는 것이다.

기존의 이해를 뛰어넘는 대안적 개념으로서의 장애 이야기

앞서 제시했던 기존의 사회적 통념들은 장애를 가진 사람들이 적응하기 위한 능력이나 어떤 필요들을 채우기 위한 대안적 방법들을 개발하며, 삶의 모든 수준에서 자립심을 극대화하기 위한 사회적 자원들을 사용하기 위한 그 사람의 능력을 말하는 새로운 장애 개념으로 대치되어야 한다.

모든 사람들은 긍정적이고 의미 있는 삶의 방식을 계발하고 적응하기 위해 놀라운 능력을 발휘하며 살아간다. 장애를 가진 사람들도 충분히 그럴 수 있다. 물론 이는 장애를 가진 사람들이 결코 도움이 필요하지 않다는 의미는 아니다. 도움이 필요할 수도 있다. 그러나 장애를 가진 개개인이 도움의 종류와 그 도움을 실현할 수 있는 환경들을 스스로 결정한다는 것이 중요하다.

그렇다면 이와 같은 한국 사회에 뿌리박힌 통념들을 극복할 수 있는 장애에 대한 이해는 무엇인가? 과연 우리는 장애를 어떻게 이해해야 하는가?

단언적으로 말하면 장애는 하나의 '현상'일 뿐이다. 이 세상 가운데에서 나타나는 수많은 현상 중의 하나이다. 그래서 '장애라는 현상'은 모든 인간에게 다 있는 보편적인 현상이기도 하다.

이런 관점에서 보면 모든 인간은 다 장애인이다. 이게 무슨 말인가? 차근차근 생각해보자.

어머니가 산고를 이겨내고 어린 아기를 출산하였다. 막 태어난 아기가 태어나자마자 "엄마! 수고했어요." 하는 아기가 있을까? 당연히 없다. 어린 아기는 아직 말을 할 수 없다. 그러니까 엄밀하게 보면 '언어장애'라는 현상을 갖고 있는 것이다.

또한 아기는 엄마를 비롯하여 주변 사람들의 말도 잘 알아듣지 못한다. 바로 '청각장애'라는 현상을 갖고 있는 것이다. 뿐만 아니라 잘 뛰지도, 걷지도 못한다. '지체장애'라는 현상을 갖고 있다. 더욱이 지적인 능력도 부족하며 사회적 상호작용도 잘하지 못한다. 지적장애와 자폐성장애를 갖고 있는 것이다. 이렇게 인간은 태어나는 순간부터 일반적으로 장애라고 말하는 현상들을 갖고 있다.

놀랍게도 이런 현상들이 사라지고 세월이 흐른 후, 고령이 되면 자연스럽게 노화라는 현상이 나타난다. 이 노화의 현상이 결국은 다양한 장애로 귀결된다.

그러므로 모든 인간은 장애라는 현상을 갖고 태어나서 죽음의 문턱에서 다시금 장애라는 현상을 지니게 된다. 여기서 '장애'와 '비장애'

를 구분 짓는 것은 장애라는 현상을 얼마나 오랫동안 갖고 있느냐 없느냐에 따른 것이다. 장애라는 현상을 상대적으로 많은 시간 동안 경험하고 있는 소수의 사람들을 장애인이라고 명명하는 것이고 그 반대의 경우를 비장애인이라고 하는 것뿐이다.

따라서 장애는 각 개개인이 갖고 있는 '개성'이며, 장애는 그 현상을 어떻게 보고 이해하는지와 관련될 때 '정체성'이라 할 수 있다. 그런데도 한국 사회는 장애를 개성이나 정체성으로 보기보다는 차별과 배제로 대한다. 이 부분을 시급히 해소해가야 한다. 그러기 위해서 가장 우선적으로 해야 할 일이 무엇일까? 장애인의 관점에서 장애를 바라보는 것이다.

장애 문제는 이론이나 관념으로 발생되는 것뿐만 아니라 실제적인 삶의 부딪힘 속에서 산출되는 경험으로부터 비롯되는 경우도 빈번하다. 장애가 그와 같은 현상을 갖고 사는 사람들의 생활에 어떤 의미로 다가오는지, 또는 어떻게 경험되는지를 살펴볼 필요가 있다. 그런 면에서 장애 현상을 갖고 사는 사람들의 입장에서 장애를 생각해보는 일은 의미가 있다.

생각해보기

- 기존 사회적 통념에서의 장애 개념이 아닌 삶의 경험을 통한 장애 개념을 적용한다면, 현재 여러분이 각자 가지고 있는 장애는 무엇인가요?

제 2 장

장애 발생과 직후의 이야기

이야기 들어가기

사람들은 장애를 입게 되면서, 지금까지 자신들이 생각하고 인식하던 것들에 의해 영향을 받게 된다. 이렇게 생겨난 인식들은 장애인 자신의 장애를 이해하고 받아들이는 것에 영향을 미치게 된다.

예를 들어, 한 장애인이 선천적으로 장애를 가지고 태어나거나, 매우 어린 시절에 장애를 입은 경우에는 그 장애인은 자신의 삶 전반에 걸쳐 생활하면서 여러 가지 면에서 생각하고 이해하고 판단하는 데 장애와 무관하게 인식하는 경우는 없을 것이다.

그러나 인생의 중간 시기에 사고나 질병 등으로 인해 장애를 입게 되는 경우, 즉 중도 장애인의 경우는 장애를 새롭게 이해해야 하는 문제와 자신의 장애를 받아들이는 문제는 장애를 입은 당사자에게는 커다란 도전이 된다. 특히 장애가 발생된 즉시, 장애인과 그들의 가족들을 비롯한 주변 사람들이 경험하는 감정은 놀라움과 충격이며 동시에 이를 부인하는 등의 다양한 반응을 나타내게 된다.

이야기 살펴보기

선천적이거나 어릴 때부터 장애를 갖고 사는 경우

선천적으로 장애를 가지고 태어난 유아 혹은 매우 어린 시기에 장애를 입게 된 경우에는 장애를 경험한 순간부터 이들에게 장애는 생활의 중요한 일부분이 된다. 자연스럽게 장애를 받아들이는 것이다. 그러다가 같은 또래의 다른 아동들을 만나면서부터 장애를 문제로 인식하게 된다. 자신이 갖고 있는 장애 현상이 없는 또래 아동들과 비교하였을 때, 신체상으로나 외형상으로나 정서, 행동 혹은 언어 등의 지적인 발달에 있어 차이를 발견하게 되면서 장애에 대한 인식을 문제 상황으로 하게 된다.

장애아동을 키우는 부모의 경우는 자신의 자녀와 다른 아동과의 차이를 인식하게 된다. 장애를 갖고 있는 자녀에게 어떻게 행동해야 하는지를 알지 못해 당황하게 되며, 자신의 실수나 불찰로 인해 아이가 장애를 입게 된 것이 아닌가 하는 죄책감과 두려움으로 고통스러워 한다. 더욱이 완벽한 아동을 꿈꾸어 왔다가 그렇지 못한 현실 앞에서 분노와 좌절 그리고 실망을 하게 된다.

종종 이들 부모나 가족들은 자신의 장애아동에 대해 과잉보호를 하거나 방임 또는 학대를 하기도 한다. 교사가 평가하는 자녀의 학습을 비롯한 발달과 성취에 대한 낮은 기대에 좌절한다. 주변 사람들로부터는 놀라움과 두려움 혹은 경계하는 태도 등을 경험하게 된다.

장애아동의 부모들은 평생 처음으로 자신의 자녀가 장애를 가지고 있다는 사실을 경험하였기에 앞으로 자녀를 어떻게 양육해야 할 것인지, 어떠한 재활치료와 교육을 받도록 해야 하는지, 현재 아이의 장애 상태가 앞으로 어떻게 진행될 것인지, 어떤 변화가 일어날 것인지, 아이를 지원하는 서비스 체계는 있는지, 만약 지원 서비스가 있다면 이러한 서비스에 어떻게 접근하고, 어떤 방법과 절차로 서비스를 이용할 수 있는지, 이밖에도 자녀의 장애 사실을 가족과 주변 사람들에게 어떻게 알려야 할 것인지 혹은 알리지 않아야 할 것인지 등 자녀 양육과 교육 등에 관련한 다양한 정보에 대한 지식을 간절히 찾게 된다.

한편 장애를 입게 된 아동이 처음으로 경험하는 일은 타인에게 의존할 것을 요구하는 시선들이다. 주변 사람들은 장애아동이 타인에게 의존하도록 바란다. 그 결과 아동은 생활 전반에 걸쳐 타인에게 의존하게 된다. 장애아동이 타인에게 의존하도록 만드는 것은 장애아동을 돌보는 어른의 입장에서 볼 때, 아이에 대한 이해와 조정 그리고 관리가 용이하기 때문이다. 아이가 어른에게 의존하면 어른은 아이의 생활 전반 즉 음식을 먹거나 목욕을 하는 일 등 일상적인 생활을 편하게 관리할 뿐만 아니라 아이가 사귀는 친구와의 관계, 특히 이성친구와의 관계나 시청하는 TV 프로그램, 약을 먹거나 흡연하지 못하게 하는 등 아이의 모든 것을 쉽게 확인하고 관리하며 조정할 수 있다.

갑작스럽게 장애를 갖게 된 경우

갑작스럽게 장애를 갖게 되었을 경우도 생각해 볼 필요가 있다. 대부분의 장애는 선천적인 발생보다는 후천적으로 발생하는 경우가 훨씬 많으며, 특히 교통사고, 재해 혹은 재난, 테러나 전쟁 등의 사건들로 인해 예상치 못한 상황에서 장애가 발생된다.

그들이 받는 의료적인 진단은 목숨을 구하기 위한 노력의 일부가 된다. 이렇게 장애 발생과 관련된 사건은 사람들에게 소설과 같은 이야기가 되고, 결국 장애인 자신의 생애 전반에 걸쳐 자기에게 예기치 못한 채, 발생된 장애에 관한 이야기를 지속하게 된다. 갑작스럽게 발생된 사건은 장애를 유발시키는 원인이 된다. 예를 들어 교통사고로 인해 척수장애인이 될 수 있고, 뇌졸중으로 인해 언어장애, 신체마비 등의 장애를 경험하게 된다. 또한 종양으로 인해 사지절단 장애가 되는 경우가 있다.

이러한 경우 사건 발생 시 고통이 함께 따르게 된다. 예를 들어 사건의 발생 시, 진단을 위해 복잡하고 까다로운 각종 검사들, 의료적인 진단과 수술, 응급실 보호 관리 그리고 지속되는 각종 의료적인 검사들, 이는 갑작스럽게 사고를 당한 사람들에게는 전혀 익숙하지 않은 일이며, 불편한 상황이 하루, 한 주일 혹은 몇 달 동안 계속될 수도 있다.

이처럼 중도에 갑작스럽게 장애가 발생하는 경우에는 자신에게 일어난 일들에 대해 정확히 이해할 수 없으며, 앞으로 어떠한 상황이 전개될 것인지를 예견하는 일은 더욱 어려운 일이다. 특히 사고를 당한 당사자에게 장애 발생에 관한 사실이 전달되는 것은 매우 오랜 시간이 지난 이후에 이루어지게 되는데, 이는 사고를 당한 당사자가 사고의 충격에서 벗어나는 것을 기다린 후, 천천히 본인에게 장애 발생에 관해 알리는 것이 사고를 당한 사람의 정신적인 충격을 줄일 수 있는 방안이 될 수도 있다는 것에서 비롯되고 있다.

한편 개인의 알 권리를 존중하여 발생한 사실들에 관해 사고를 당한 당사자 자신에게 속히 알려야 한다는 윤리적인 면도 고려해야 하는 문제이다. 어찌 되었던 대부분의 장애인 개인은 자신의 장애 발생 사실을 다른 사람들을 통해 전해 들어야 하며, 자신의 장애 사실을 알게 된 이후에도 한참 동안 사고를 당한 장애인은 어떠한 판단도 스스로 결정하지 못하고 행동할 수 없는 상황이 지속된다.

특히 중도장애인에게는 지금까지의 생활 방식과는 전혀 다른 방식으로 생활해야 함에도 불구하고, 앞으로 자신이 장애인으로 살아가는데 있어서 어떤 지원이 필요한지 혹은 이러한 도움을 받을 수 있는 지원 체계는 존재하고 있는지 등에 관한 정보가 부족하다. 이처럼 초기 응급지원 체계가 제대로 마련되어 있지 않아 이들이 겪는 어려움은 더욱 가중되고 있는 상황에 처하게 된다.

중도에 장애를 경험한 장애인의 가족인 경우에는 장애를 입은 당사자와는 장애 발생을 이해하는 시간적인 측면에서나 혹은 이에 대해 반응하는 방식에서 약간의 차이가 있다.

가족은 장애 진단을 받은 장애인 당사자보다는 어느 정도 먼저 이러한 사실을 통보받게 된다. 그러나 가족들 역시 자신의 가족 가운데 한 구성원이 장애 진단을 받았을 때, 충격과 분노 그리고 회피를 경험하게 된다. 그럼에도 불구하고 이들 가족이 어떠한 반응을 하는지에 따라서 앞으로 장애를 입은 사람이 장애인으로서 살아가는 데, 지금까지와는 다른 생활 방식에 적응하고, 미래의 계획을 세우는 데 가장 중요한 영향을 미치게 된다.

사고로 인해 장애가 발생된 경우는 시간이 지날수록 가족의 반응은 달라진다. 이준우가 번역한 책『장애인과 함께하는 사회복지실천』(2008: 172-173)에 나오는 몇 가지 사례들은 아주 생생하게 다가온다.

장애를 입은 10대 사지마비 환자의 회상이다.

다친 이후 첫 번째 날: 와! 이것 이상해요. 웃겨요! 움직일 수 없어요. 제 머리 아래로 전혀 느낌이 없어요. 저는 이 침대에 누워 있고 사람들은 계속 저에게 와서 저의 몸 위에 어떤 것을 움직여서 저의 몸을 조절하고 있지만 저는 그들을 느낄 수 없어요. 저는 그들을 볼 수 있지만 느낄 수는 없어요. 저는 이러한 것이 얼마나 지속될 것인지 알 수 없어요. 저는 여름학기 수업 첫날에 빠지게 될까요? 저의 엄마와 아빠는 정말 저를 미치게 해요.

다친 이후 5일째 날: 저는 누구에게도 어떠한 것을 물어볼 수 없어요. 그리고 저의 목 아래에 있는 이 튜브 때문에 아무 말도 할 수 없어요. 저는 숨 쉬는 법을 다시 배워야 해요. 매일 재활치료사가 저에게 치료를 하기 위해 오지만 저는 그것을 잘 할 수 없어요. 저는 밤에 저의 친구들이 오는 것을 좋아해요. 그들은 농담을 하고 저는 그들에게 제가 얼마나 조금 목 근육을 움직일 수 있는지를 보여주고, 우리 모두 함께 웃어요.

다친 이후 12일째 날: 이것은 더 이상 재미있지 않아요. 저는 여전히 어떤 것도 느낄 수 없고 움직일 수 없어요. 오래도록 죽지 않을 것이란 것 외에는 어느 누구도 저에게 말을 해주지 않아요. 모두가 저를 걱정하고 있고 저는 그것을 구별할 수 있어요. 그들은 제가 죽을 것이라고 생각할까요? 저는 하루 종일 움직이는 연습을 해요. 정말 힘들게 시도하고 있어요. 근육을 움직이고 저의 머리를 움직여요. 그리고 난 뒤 다시 원래의 자리로 움직여요. 아마도 전 이것을 제대로 할 수 없겠죠? 무지하게 노력했지만요. 모든 사람들은 일하러 가거나 학교에 가요. 그들은 매일 밤에 와요. 그러나 그들이 오는 것은 기쁘지 않아요. 저는 간호사에게 더 이상 어떤 방문자도 원치 않는다고 말했어요.

다친 이후 20일째 날: 많이 불편해요. 저 스스로 편안하게 할 수 없어요. 몸 모두가 아파요. 그리고 저는 이것으로는 죽지 않을 것이라 생각해요. 죽기를 바라요. 저를 스스로 죽일 수 있었으면 좋겠어요. 너무 화가 나서 혀에서 피가 날 때까지 혀를 깨물었어요. 저희 엄마가 무척 흥분하셨죠.

10대 아이가 일으킨 음주 운전 사고로 장애를 입은 여성의 경험담도 살펴보자.

저는 병원에서 일어났어요. 전 움직일 수 없었어요. 말도 한마디 할 수 없었어요. 전 제가 미쳐간다고 생각했지만 저의 가장 친한 친구는 매일 저를 찾아와서 제 손을 잡아주었어요. 전 제 자신을 위해서 아무것도 할 수 없었죠. 마치 갓난아기 같았어요. 그들이 제게 어떻게 기고, 어떻게 걸을지 가르쳐야만 했어요. 그들은 제게 말하는 법을 가르쳐줬지만, 전 제대로 말할 수 없었어요. 전 제가 이전에 말했던 것처럼 빠르게 말하지 못했어요. 전 학교도 가지 않았고, 제 문제에 대해 사람들과 말하지도 않았어요. 제 친구들은 제가 독서동아리에 가입하길 바랐지만, 그들은 제가 잘 읽지 못하는 걸 알지 못했어요. 길게 생각하지 않아도, 제가 할 수 없는 것들, 심지어 시도하지도 못할 것들이 많을 거라고 생각했죠.

점차 장애가 되어가는 상황에 대한 경험

갑작스런 사고 등으로 인해 중도에 장애인이 되는 경우에는 장애 진단을 받게 되는 즉시 자신이 장애인이라는 사실을 알게 된다. 그러나 몸속에서 자라고 있는 종양 등으로 인해 신체 일부를 제거해야 하는 경우에는 장애 상황이 개인에게 점진적으로 발병하여 서서히 장애의 특징들이 나타나게 되는데, 이러한 경우는 사람들마다 각자 자신들의 질병 혹은 장애를 인식하고 이를 받아들이는 것에 많은 차이가 있다.

일반적인 경우에 사람들은 의사를 방문하고 각종 검사를 받고, 가장 먼저 의사로부터 “당신은 휴식이 필요하니 쉬도록 하십시오.” 혹은 “누구라도 이러한 상황에서는 같은 느낌일 겁니다.” 혹은 “당신은 마음을 편안하게 먹고, 너무 걱정하지 말고, 특히 부정적인 생각을 하는 것은 좋지 않습니다.” 혹은 “전혀 문제가 되지 않습니다. 그리고 모든 것은 다 생각하기 나름입니다.” 등의 조언을 듣게 된다.

장애에 관한 생각은 자신의 생각에 달려 있다는 것은 의심의 여지가 없는 이야기이다. 그러나 지금까지 해왔던 직업을 바꾸는 일, 생활 방식을 바꾸는 일, 사람들과의 관계를 바꾸는 일 등 모든 생각과 행동은 장애를 경험하게 된 자신의 머릿속에 있는 것이다. 동시에 마음을 접고 자신의 장애를 받아들이는 일, 지금까지 자신이 일상적으로 하던 일들을 포기하는 일 또한 자신의 머릿속에 있는 일이다. 가족, 친구, 이웃들 모두는 점진적인 발병으로 장애인이 되어가는 사람에 대해 관심을 가지고 염려해 줄 수 있을 것이며, 의사는 이들의 증상을 완화시켜 줄 수 있을지 몰라도, 서서히 장애인이 되어가는 본인 자신의 머릿속을 바꾸거나 생각을 돌릴 수는 없는 일이다.

누군가가 의사를 방문하여 현재의 증상으로 인해 앞으로 장애인이 될 수 있다는 진단을 받는 순간, 스스로 안정을 찾아가는 경험을 하기보다는 대체로 정신적인 충격과 좌절을 경험하는 경우가 많다. 그리고 찾아오는 생각은 "무언가 잘못되었다.", "난 죽지 않는다.", "난 견디어 낼 수 있을 것이다." 등의 복합적인 감정을 경험하게 된다. 그 후 이들이 취하는 행동은 대체로 유사한 증상을 가지고 있는 주변의 다른 사람들, 특히 방송이나 책 등을 통해 소개된 사람들의 경험을 기억하게 된다. 점진적인 발병으로 장애가 되는 경우에 해당되는 사람들로서는 각종 종양, 동맥경화, 근골격계 질환 그리고 정신과적 질환으로 인한 우울증, 만성피로증후군, 피부결핵 등이 있다.

30대 초반에 류마티즘성 관절염을 진단받은 여성의 경험담은 크게 공감이 된다.

어떤 증상은 사람들이 평범하게 경험하는 다른 많은 질병들과 비슷한 방법으로 시작돼요. 제 증상은 그래요. 저는 처음엔 전형적인 감기증상을 앓았어요. 열이 났고, 속이 거북했고, 콧물도 흘렸죠.
그 증상이 시작하기 전엔 전 단핵구증에서 회복되고 있었죠. 단핵구증 같지 않게, 이 새로운 병은 처음엔 며칠 동안만 지속됐이요. 전 진찰도 몇 번 받았어요. 마침내 의사는 제게 머리를 숙이라고 했고, 그게 아프냐고 물었어요. 제가 그렇다고 하니까 그 의사는 뇌막염 검사를 위해서 저를 응급실로 보냈어요. 그리고 저는 병원에서 5일 동안 있었어요.
그게 제가 했던 경험이에요.
제가 집에 왔을 때, 하루는 한 손가락이 아팠어요. 며칠 지나서, 저의 모든 손가락이 뻣뻣해지고 아팠어요. 발도 그랬죠. 의사는 단핵구증의 후유증이라고 했어요. 한 주가 지나자 계속 안 좋아지는 거예요. 전 아무 일도 할 수 없었고, 움직일 때마다 아팠어요. 의사는 계속 그것이 후유증이라고만 했어요.
전 관절염이 뭔지조차 몰랐죠. 검사는 음성으로 나왔지만 저는 계속 안 좋아지기만 했어요.
마침내 의사는 저를 류머티즘 담당 의사에게 보냈어요. 그가 또 다른 검사를 했고, 그것이 양성으로 나왔죠. 그 검사는 제가 다른 치료를 받을 수 있게 하는데 몇 주가 걸렸어요. 왜냐하면 그들은 결과를 확신하기 위해 저를 관찰하고 검사했거든요. 그 시간 동안 저는 고통으로 문제를 앓고 있었어요. 마침내 저는 진단을 받고, 약물치료를 시작했죠. 전 이제 매일 많은 약물치료를 받는답니다.

장애를 입게 된 이후에 경험하게 되는 자신의 장애에 대한 첫인상이 계속되거나 혹은 완화되는 것은 장애로 인해 발생하는 다양한 삶의 조건에 대한 반응에 전적으로 기인한다. 장애인들은 장애에 적응해가거나 극복하기 위한 교육과 훈련을 거치면서 장애 경험에 대한 자기인식의 과정을 밟아가게 된다.

이는 경미한 장애를 갖고 있든지 아니면 중증의 장애를 갖고 있든지 관계없이 거의 대부분의 장애인들이 공통적으로 거치는 장애 경험의 과정이라고 본다. 이에 대한 결과는 상이하다. 장애 경험으로 인해 의존적인 성격의 사람이 되거나 혹은 부정적이며 까칠하고 예민한 이미지를 주위 사람들에게 갖게끔 할 수 있다.

반면 어떤 사람의 경우에는 통합적이며 수용적인 모습으로 주변 사람들과 더불어 살아가게 된다. 자기 스스로를 가치 있게 생각하며 가족, 친구, 직장동료, 고용주 그리고 주변에 있는 여러 관계된 사람들과도 잘 지낸다.

생각해보기

- 여러분 각자에게 약하거나 부족한 부분(혹은 단점)에 대해 스스로 어떻게 바라보고, 변화시키기 위해 어떤 노력을 하나요?
- 장애인과 장애인 가족이 그들의 장애를 긍정적으로 받아들일 수 있도록 하기 위해서는 우리 사회가 어떻게 변화되어야 할까요?

제 3 장

장애로 인해 직면한 세계에 관한 이야기

이야기 들어가기

장애 이후에 다른 사람들과의 일상생활은 장애를 갖고 있는 사람의 삶에 중요한 영향을 미친다. 특히 가족구성원, 친구 혹은 동료들의 태도와 반응은 장애인 개인에게 지지적인 연계망을 제공하는 경우도 있으며, 때때로 이들 주변 사람들은 장애인에게 어려움을 제공하는 원인이나 과도한 스트레스의 원인이 되기도 한다.

이야기 살펴보기

보호와 돌봄을 감당하는 가족

가족은 장애인에게 가장 가까운 관계이다. 가족들은 장애인에 의해 가장 영향을 많이 받는 사람들이며 동시에 장애인에게 영향을 미치는 사람들이다.

장애아동을 둔 부모의 경우에는 자녀양육과 관련하여 다양한 욕구를 가지게 되며, 동시에 많은 문제를 가지게 된다. 종종 자녀를 과잉보호하는 부모는 자녀의 고통스런 경험이나 어려움으로부터 자녀를 멀리할 수 있도록 노력한다. 뿐만 아니라 이들 부모는 자신의 자녀를 최대한 자신과 가까운 곳에 머물도록 하고, 장애로 인해 야기되는 필수적인 일들로부터 가급적 멀리 피할 수 있도록 도와 자녀가 부모에게 전적으로 의존하도록 만들고 있다.

이는 아동이 성장하면서 부모는 나이가 들어가는 상황 혹은 부모가 자녀보다 먼저 죽는 상황에서 아동이 스스로 할 수 있는 자신의 일을 수행할 수 없는 일이 벌어지게 되어, 매우 바람직하지 못한 경험이 될 것이다. 그들 장애자녀의 욕구에 따라 모든 신체적인 보호를 제공하는 방법을 사용하는 데 있어, 장애아동의 부모들은 열성적으로 혹은 수동적으로 그들 자녀의 자립적인 성장을 위해 노력한다.

또한 그들은 자신의 주택이나 개인의 보호를 위해 거처를 정하게 된다. 아동의 부모, 특히 발달장애아동의 부모의 경우에는 낯선 사람들에 대해 두려워하고, 성적인 희롱이나 학대, 사고 혹은 집을 잃어버리는 일 등에 대해 두려움을 가진다. 모든 부모들은 자녀에 대한 다른 사람의 반응에 대해서도 두려워하고 있으며, 이와 같은 반응들이 아동에게 어떤 영향을 미칠 수 있을지에 대해서도 두려워하고 있다.

한편 가족은 장애자녀 외에도 다른 비장애자녀들도 포함되어 있다. 부모들이 장애자녀의 욕구를 들어주고 관심을 갖는 것과 동시에 어떻게 비장애자녀들에게도 관심을 가지고 욕구를 들어주어야 하는지 등 비장애자녀들에 대한 관심도 중요하다. 또한 친척들에게도 어떤 방법으로 자녀의 장애에 대해 알리고 이해시킬 것인지는 매우 중요한 문제이다. 가족이나 친척들에게 장애자녀를 보호하는 데 도움을 청하고, 이들로부터 조언과 관심을 기대할 수 있는지 혹은 어느 정도 기대할 수 있는지 하는 문제도 고려해야 한다.

가족 가운데는 아동이 아닌 성인장애인 가족이 있는 경우가 있다. 성인들이 주로 가지고 있는 질환은 관절염, 뇌졸중, 동맥경화, 피부결핵 등의 질환을 앓고 있는 경우가 많다. 이 경우 성인장애인은 자신의 가족에게 큰 영향을 미치는데, 특히 자녀가 있는 가족에게 더욱 심각하게 영향을 미치게 된다. 이들 성인장애인을 돌보는 일은 장애자녀를 돌보는 일에 비해 더욱 어려움이 크다.

특히 성인장애인을 돌보는 일에 있어서 그의 부모들은 이미 나이가 많이 들어 가사노동이 어렵고 더욱이 힘겨운 장애인 보호활동을 할 수 없게 되어 활동지원사를 활용해야 할 필요성이 매우 높다. 정부 지원을 받을 경우는 그나마 감당할만하지만 그렇지 못할 때 발생하는 비용으로 인해 경제적인 부담이 커지게 된다. 더욱이 자녀가 있는 며느리 혹은 딸, 아들 등이 장애 부모를 돌보아야 하는 경우에는, 자신의 자녀 양육과 함께 성인장애인을 돌보는 일이 동시에 이루어져야 하기 때문에 자녀 양육에 상당한 고충을 동반하게 된다. 가족 가운데 장애인이 발생하게 되는 경우, 가족들이 어려운 일을 함께 극복하고자 서로 마음을 합쳐 장애인을 돌보는 일에 협력하여 오히려 가족들이 더욱 강한 결속력을 보이는 경우도 종종 있다. 그러나 이처럼 긍정적으로 장애인을 돌보는 일은 그리 흔치 않아 보인다.

최근 노인 인구가 급격히 늘어나면서, 장애노인도 늘어나고 있는 추세이다. 특히 장애노인 인구가 증가하고 있는 상황에서는 일반 노인의 경우와 마찬가지로 현재 자신의 일상생활을 그대로 유지하도록 하는 방안을 마련하는 것이 필요하다. 즉 현재까지 함께 지낸 사람들과의 인간관계를 유지하고, 지금까지의 공식적인 역할을 수행할 수 있도록 하며, 친구들과의 관계 혹은 가족들과의 관계를 유지할 수 있도록 하는 것이다. 노인의 경우에는 새로운 방식에 적응하는 것이 매우 어려운 일이다. 뿐만 아니라 지팡이를 사용하고 천천히 걷는 일, 보청기를 사용하는 일, 안경 등 시력 보조기구를 사용하는 일 등은 이를 새롭게 필요로 하는 사람들에게 편안하지 않으며 새로운 보조기구에 적응하는 일도 쉽지 않다.

또래집단

장애인들 대부분은 비장애인들과 함께하는 세계에서 시간을 보내고 생활하게 된다. 장애인들이 함께하는 학교 친구들, 직장 동료들 대부분은 장애인이 아니다.

아동의 경우는 장애를 입게 되면 주변의 사람들로부터 자신의 장애와 관련한 여러 가지 질문을 받게 되고, 이러한 질문에 응답하는 일에 어려움과 스트레스를 느낀다. 특히 초등학교 아동들의 경우에는 장애아동을 피하고, 흉내 내거나 혹은 놀리는 등 상처를 주는 경우가 많다. 교사나 부모들은 이러한 장애아동이 다른 아동과 어떤 관계를 유지하고 있는지에 대해 주의를 가지고 관찰하여야 하며, 필요한 경우 적절한 개입을 통해 문제가 심각해지는 것을 막아야 한다.

각별히 주의해야 할 점은 장애아동이 교내 행사나 체육활동에 적극적으로 참여하지 못하거나, 교사의 지시를 따르지 못하는 점을 고려하여 장애아동이 집단 활동에서 소외되지 않도록 해야 한다. 아동기에 집단에서 소외되는 경험은 자신의 정체성 개발이나 자아존중감 형성에 있어 매우 부정적으로 영향을 미치기 때문에 이에 대한 특별한 관심이 요구된다. 이준우가 번역한 책 『장애인과 함께하는 사회복지실천』(2008: 181)의 사례를 인용하여 소개한다.

나이든 한 여성이 고백한 초등학교 시절의 경험이다.

> 나는 하반신이 마비된 지체장애인으로 일어서거나 다니는 데에 불편을 느끼고 있다. 초등학교 시절 운동이나 야외 활동을 할 때마다 항상 참여하지 않으려 교실을 지키고 앉아 있었다. 처음에는 함께 하자던 선생님과 친구들이 점차 이런 내 모습에 익숙해진 어느 순간부터는 어느 누구도 나에게 체육이나 야외 활동을 할 수 있는 기회를 주지 않았다. 지금 생각해보면 초등학교 선생님들이 나와 같은 장애학생에 대한 차별과 분리, 억압 등의 경험을 지속적으로 가해왔다는 섭섭한 느낌을 지울 수 없다. 어릴 적 고독하고 소외된 감정으로 가슴에 맺혔던 경험들에 대한 기억이 전혀 사라지지 않고, 성인이 된 지금도 생생하게 생각나서 타인과 함께하는 일보다는 무엇이든 혼자서 하는 일에 더욱 편안함을 느끼게 나를 이끄는 것 같다. 그래서일까 성인이 된 지금까지도 왠지 초등학교 교사는 아직도 그 인격 수준이 문제가 있을 것 같다는 생각을 지속적으로 하고 있다.

장애아동이나 장애성인의 경우 자신과 같은 장애를 가지고 있는 사람들과 만나고 접촉하는 것은 자신들이 스스로 배우고 자연스럽게 사회화되는 과정을 경험하기 위해 매우 중요하다. 장애인들은 다른 사람들과 자신이 경험하고 생활하고 있는 모든 것에 대해 솔직하게 마음을 열고 이야기 나누는 것이 어려운 경우가 많으며, 자신의 장애문제를 비롯한 생활 전반적인 것들과 생각과 마음을 함께 나눌 수 있는 가까운 친구를 만나는 것이 어렵다. 하지만 장애인들도 비장애인 친구들과 만나고 사귀는 일이 매우 중요하다. 물론 성인이 되어 장애인이 된 경우에는 이미 많은 비장애인 친구들을 사귄 경우가 많다.

장애인은 관계를 맺는 데 있어 상대방의 진심과 성향을 확인하는 과정을 필요로 한다. 누군가는 장애인을 소외시켜 인간관계 밖으로 밀어내는 사람이 있는가 하면, 누군가는 장애인을 이해하고 격려하며, 장애인에게 힘을 주기 위한 방법과 과정이 무엇인지 고민하고, 장애인의 경험을 함께 나누려 하는 사람이 있다. 후천적으로 장애인이 된 사람들에게 새로운 환경에 적응하며 살아가는 것을 위해 노력하는 일만큼 중요한 일은, 주변의 친구 혹은 여러 사람들 가운데 자신을 피하고 자신을 피해 떠날 사람 혹은 자신보다 먼저 세상을 떠날 사람들과 자신의 주변에 그대로 남아 있을 친구나 이웃들이 누구인지에 관한 생각을 하는 일이다. 이는 매우 슬픈 일이지만 동시에 매우 중요한 일이다. 이준우가 번역한 책『장애인과 함께하는 사회복지실천』(2008: 182)에서 한 젊은 여성의 고백을 인용해 본다.

> 음주운전 교통사고로 인해 전신화상을 입고 기적적으로 살아나 수차례 화상치료를 위한 수술을 받았다. 앞으로도 지속적으로 성형수술을 더 받아야 하며, 치료가 끝나도 온몸에 화상 자국은 그대로 남아 있을 것이다. 교통사고 전에 약혼자가 있었는데, 사고가 난 직후부터 약혼자의 가족들이 자신과 헤어질 것을 지속적으로 강요하고, 결국 가족들의 반대를 이유로 파혼을 제기해왔다. 그렇지 않아도 치료가 어느 정도 마무리가 될 때, 약혼자와의 관계를 정리하고 그를 떠나보내려고 마음을 준비하고 있던 중인데, 먼저 약혼자가 파혼을 요청하여 미련 없이 그를 떠나보냈다. 화상을 입고 장애인이 되어보니 세상을 보는 눈이 달라지고 있음을 느낀다. 비장애인으로 살아왔던 세상에서 볼 수 없던 것들을 새롭게 볼 수 있게 되었다. 그동안 내가 얼마나 세상을 모르고 살았는지, 또 얼마나 장애인에 대한 무지와 무관심으로 살았는지 새롭게 깨닫고 있다. 오히려 약혼자를 떠나보낸 것이 얼마나 다행인지….

대중

알지 못하는 사람들, 즉 대중과 만나는 것이 무엇을 의미할까? 거리로 나서는 일, 대중교통을 이용하고, 영화관에 가는 일, 이 모든 일들은 장애인이 대중 앞에 나서는 일이다. 만약 사람들이 장애인을 빤히 쳐다보거나, 위아래로 훑어보거나, 뒤돌아서서 다시 쳐다본다면, 장애인이 그 사람들을 보는 순간 눈을 돌리고 장애인과 눈을 맞추는 일을 피한다면 그때 그런 일을 당하는 장애인의 기분은 어떨까?

사람과 사람 사이에서 서로 눈을 맞추는 일은 서로의 관계를 맺는 일에 있어 매우 중요한 일이다. 장애인들은 종종 다른 사람들과 눈을 맞추고 관계를 맺는 일에서 제외된다. 장애인은 항상 왜 자신들이 다른 사람들과 눈을 맞추고 관계를 맺는 일에서 제외가 되어야 하는지에 대해 의문을 제기하게 된다. 내가 그렇게 무서운가? 내 모습이 사람들로 하여금 피해야 할 만큼 혐오스럽고 두려운가? 그들은 나를 쳐다보는 일조차 피하고 있는데, 내 모습이 그렇게도 두려운가?

장애인들은 종종 자신을 바라보는 시선이 여러 종류가 있음을 깨닫는다. 때로는 사람들은 장애인을 보면서 눈을 피하거나 얼굴을 돌리지 않는다. 그렇다고 두려운 눈으로 빤히 쳐다보지도 않는다. 오히려 장애인을 보는 태도가 마치 구제의 대상자로 바라보는 눈도 있다. 또한 때때로 장애인을 바라보는 눈이 참으로 못나고 불쌍하고 한심한 동정의 대상자로 보는 경우도 있다. 그럼에도 불구하고 장애인은 이런 다양한 시선들을 모두 극복해야 한다. 빤히 쳐다보는 눈, 불쌍하게 바라보는 눈, 비참하게 생각하며 열등하게 바라보는 눈, 불쌍하게 바라보다가 구제의 손길을 내미는 사람, 이러한 모든 눈길들을 어떻게 이해해야 하는가? 장애인에 대해 지나친 친절로 무조건 도와야 한다고 생각하는 경우가 있는데, 이는 장애인을 돕지 않고, 그대로 내버려두거나 방치하는 일만도 못한 경우가 많다.

다행스럽게도 우리 사회에서 사회적 · 물리적 환경이 개선되고, 장애인의 접근권이 확보되면서 장애인의 이동이 많아지고, 공공의 장소에서 장애인들이 눈에 많이 띄게 되었다. 차츰 많은 장애인이 다양한 장소에 참여하게 되면서, 꿈꾸어 왔던 대로 장애인들이 원했던 삶의 일부로 자리잡아가고 있다. 사회의 다양한 부분에서도 많은 변화를 가져오고 있다. 특히 장애인의 권리가 증진되고 장애인의 이동과 참여, 장애인에 대한 동등한 기회의 보장 등에 관한 노력이 성과를 내면서 과거에 비해 많은 변화를 가져왔다.

하지만 여전히 가야 할 길은 많이 남아 있다!

실질적으로 장애인이 이용하기에 대중교통은 그리 편리하지 않고, 비장애인의 이동 시간의 '최소' 1.5배 내지 2배 이상의 시간이 소요되어 약속 시간을 지키는 것조차 쉽지 않다. 또 여전히 편의시설이 갖추어지지 않은 건물로의 진입이나 장애인화장실 이용이 용이하지 않으며, 장애인전용주차구역에 비장애인의 차량이 당당하게 주차되는 경우도 다반사이다.

비장애인과 동일한 삶의 양식(life style)으로 지역사회 내에서 독립적으로 살아가고자 '탈시설'과 '자립생활 실현'을 보장하라며 장애인의 목소리를 내고 있지만 대중들은 그들의 필요보다 시위의 방식에만 관심을 가진다. 장애인들은 자신들의 외침에 귀기울여 달라고 더욱 강하게 외치지만 도리어 대중들에게는 점점 귀찮고 식상한 뉴스거리쯤으로 여겨지고 있다.

그렇게 장애인과 비장애인 사이는 가까워질 듯하다가도 가까워지지 못하는, 좀처럼 좁혀지지 못하고 일정한 거리가 항상 유지되고 있다.

장애로 인한 장애 경험과 죽음에 대한 성찰

거의 모든 장애인들은 자신의 장애를 경험하는 순간부터 혹은 그 이후 장애인으로 살아가면서 지속적으로 각자 개인의 상황에 따라서 각기 다른 독특한 장애 경험을 하게 된다.

장애와 관련된 경험은 장애의 정도가 어떠한지 혹은 장애의 유형이 무엇인지 등에 따라 결정될 수 있으나 이는 매우 단편적인 것이다. 장애의 유형이나 정도가 비슷한 경우에도 장애인의 개인적인 특성이나 배경 등에 따라서 서로 다른 경험을 하는 경우가 많다. 선천적 혹은 아동기 이전에 장애를 경험한 사람의 경우, 중도에 장애를 경험한 사람의 경우, 진행성 장애인지, 혹은 재발하거나 일시적으로 나타난 장애인지에 따라서 각기 다른 장애 경험을 하게 되며, 만성장애를 가진 경우에도 자신들만의 독특한 장애 경험을 하게 된다.

한편, 장애 결과의 마지막 종착지인 죽음에 대한 성찰도 필요하다.

모든 인간은 죽음을 피할 수 없지만 장애라는 현상을 갖고 사는 사람들에게는 죽음이 일상화되어 있을 경우가 종종 있다. 어떤 장애인들은 매우 짧은 생을 살다가 사망하는 경우도 있으며, 또 다른 장애인들은 그렇지 않은 경우도 있다.

그런데 자신의 수명에 대한 기대를 매우 짧게 생각하는 경우가 장애인들에게는 의외로 많이 있다. 대체로 진행성 장애인의 경우가 그렇다. 그럼에도 진행성 장애를 가지고 있는 사람들이 자신의 죽음을 준비하는 것은 쉬운 일이 아니다. 대부분의 사람들은 대체로 자신이 곧 죽을 것이라는 이런 생각을 하는 것조차 외면하려고 한다. 이처럼 사람들은 자신의 죽음 혹은 가족의 죽음에 대해 생각하고 싶어하지 않지만, 반드시 죽음에 대한 생각을 해야만 하는 경우가 있다.

만약 가족 가운데 장애를 입어 고군분투하며 삶을 지탱해왔는데 결국은 가족 중 누군가 의료진으로부터 머지않아 장애를 갖고 있는 가족의 일원이 죽을 것이라는 진단을 받고, 그 죽음에 대한 사실을 알게 되었을 때 모든 가족 구성원들은 죽음에 대한 두려움과 함께 죽음과 마주하고 있음을 피할 수 없게 된다. 이 경우 장애인은 자신이 죽을 수 있도록 도움을 줄 수 있는 사람을 찾기도 한다.

이준우가 번역한 책 『장애인과 함께하는 사회복지실천』(2008: 191)에서 인용한 60세인 한 여성 장애인의 고백을 들어보자.

> 지난 30여 년간 호흡기 장애로 치료를 받아왔다. 나이가 들어가면서 더 심해진다. 이제는 병의 진행을 막을 수 없고, 완치도 불가능하다. 정말 죽고 싶다. 나의 죽음을 도울 수 있는 사람을 떠올려 보았으나, 어느 누구도 그 부탁을 들어줄 사람이 없을 것이라는 것을 깨닫게 되었다. 결국 유언을 통해, 내가 혼수상태에 빠졌을 때, 자연스럽게 죽을 수 있도록 어떠한 인공물에 의한 생명연장을 하지 않도록 명시할 수 있을 뿐이다.

장애인으로서 생애를 정리해야 하는 경우에는 자신의 삶을 되돌아 볼 수 있어야 하며, 앞으로의 생활에 대한 계획을 수립하고, 남은 인생을 채워가는 데 있어 필요한 지원이 무엇인지에 관해 의견을 나누는 일은 매우 중요하다.

뿐만 아니라 가족이나 친구들이 좋은 지지 체계를 이루고, 장애인 당사자 자신의 죽음을 스스로 준비하는 일은 매우 커다란 위로와 편안함을 가져다준다. 물론 대부분의 사람들은 자신의 남은 생애가 얼마 되지 않는다는 사실을 받아들임이 어렵다는 것을 알고 있다. 자신이 머지않아 죽게 될 것이라는 사실을 받아들이는 것은 자신의 생애 전체의 경험의 맥락에서 받아들이는 것이며, 각각의 사람들은 저마다 각기 다른 독특한 생활 경험이 있기 때문에 생애 전반의 맥락에서 받아들여야 한다.

생각해보기

- 여러분은 장애인과 비장애인이 어느만큼 가까워질 수 있다고 생각하나요?(가족, 친구, 이웃 혹은 죽음의 순간까지 함께할 수 있는 존재 등)
- 장애인과 비장애인이 가까운 관계를 유지하기 위해 어떤 노력과 지원이 필요할까요?

제 4 장

제한과 편견의 장애 이야기

※ 일상생활에서 직면하는 제한과 편견의 주요 내용은 줄리엣 C. 로스먼이 쓰고, 이준우(2008)가 번역한 『장애인과 함께하는 사회복지실천』(서울: 파란마음)의 '제9장 장애 경험의 이해: 생활 속의 제한과 선입관'을 인용했음을 밝힌다. 원 저작물의 내용을 압축적으로 재구성하였다.

이야기 들어가기

장애인은 장애의 발생, 진행 그리고 장애 상태가 영구히 남아 장애인의 삶으로 진입되는 결과에 이르는 일련의 과정을 거치는 동안 다양한 삶의 측면에서 특별한 제한을 경험하면서 살아간다.

이와 같은 장애인의 독특한 경험을 이해하기 위해서는 일반적으로 모든 장애인들이 경험하는 세계와 특정한 장애인들이 경험하는 독특한 세계의 차이를 이해하는 것이 중요하다.

이야기 살펴보기

이동의 제한과 관련된 장애 이야기

장애에 관해 생각을 할 때 즉각적으로 떠오르는 것이 이동의 제한에 관한 문제이다. 이동의 제한은 장애인을 대표하는 제약으로 상징화되고 동일시된다. 흰색으로 휠체어가 그려진 사회적 불리 혹은 장애 표시는 어디에서나 쉽게 볼 수 있다. 이 표시는 시각 · 청각 · 언어소통의 장애 그리고 활력이나 정신적인 기능의 장애 등 어떤 종류의 장애와 상관없이 장애를 나타내고 있으며, 이 표시는 모든 장애를 대표하는 장애의 상징이 되고 있다. 사회의 구조적인 모델에 의하면, 장애인이 이동의 제한을 경험하게 된 원인은 사회를 건설하는 데 있어 다수와 다른 종류의 이동 수단을 선택하는 사람들에게 적합하지 않도록 만들어졌기 때문에 발생한 것이다.

■ 자립적인 휠체어 이동

현대사회에서는 다양한 이유로 휠체어로 이동하는 사람들을 많이 볼 수 있다. 휠체어를 타고 이동하는 사람들이야말로 장애운동의 권리를 요구하며 동시에 장애인의 권리를 주장하면서 장애인을 옹호하는 장애운동의 대표적인 사람들이라고 생각할 수 있다. 이들은 장애운동의 대표 주자들이며 이들은 항상 장애인의 권리를 찾기 위한 시위를 주도하며, 운동이 전개되고 있는 그 현장에서 반드시 만날 수 있는 사람들이다. 그동안 장애인의 접근성을 높이기 위한 제도들이 만들어지고, 장애인 편의시설에 대한 개선이 일부 이루어지고는 있으나, 그 내용이나 변화 속도는 아직도 미흡한 실정이다. 최근에 와서 장애인의 이동권은 가시적으로 확보되어 있고, 전동 휠체어와 전동 스쿠터를 이용하는 사람들이 지속적으로 증가하고 있으며, 앞으로 이러한 이동수단을 사용하는 장애인들은 더욱 증가함을 예상할 수 있기 때문에 장애인 이동을 위한 사회적인 변화는 불가피한 일로 여겨진다.

사람들이 휠체어를 사용하는 것은 모든 사람들에게 각기 다른 이유가 있다. 사고로 인한 척수장애 등 전신마비 장애인에서부터 뇌졸중, 뇌성마비, 종양을 제거하기 위해서, 사고나 전쟁 등 부상으로 인해 신체의 일부를 절단한 경우, 신체적으로 허약하거나 혹은 근력이 약해 이동이 자유롭지 못한 경우, 관절염으로 인한 이동의 어려움 등 다양한 원인으로 인해 휠체어 사용이 필요한 사람들이 증가하고 있다. 이와 같은 여러 이유로 인해, 휠체어 이용자의 수는 지속적으로 증가할 수밖에 없으며, 휠체어나 전동 스쿠터 혹은 전동 휠체어 등은 우리 사회의 다양한 이동수단들 가운데 중요한 이동수단으로 자리 잡아 가고 있다.

휠체어 사용자의 수가 늘어나고 이동을 위한 건축, 도로 등의 물리적인 환경이 변화하고 있는 상황에서도, 휠체어 사용자들이 강조하는 독특한 상황들이 있다. 그 예로 휠체어에 앉아있는 장애인의 경우에는 서 있는 타인과의 눈 맞춤에 있어 항상 위로 올려보아야 하는데, 이때 장애인은 불편을 느끼게 된다. 특히 특정 장애인의 경우는 항상 고개를 들고 위를 올려다볼 때에, 고개와 등 혹은 목 등의 신체적인 고통을 호소하는 경우가 많다. 서 있는 사람들과 대화를 할 때, 서 있는 사람들이 항상 내려다보는 시선, 줄을 서서 기다리는 경우에도, 뒤에 선 사람이 장애인의 머리 위에서 아래로 내려다보는 시선 등도 불편하게 느껴져 일상생활에서 제약이 될 때가 많다. 이밖에도 휠체어 사용자의 경우에는 일반적인 공공시설을 이용하는 데 있어서도 많은 불편을 경험하게 된다. 예를 들어 화장실, 출입구, 버스 승강장, 대중교통 수단, 일상의 가전제품, 상품 매장의 계산대 혹은 빌딩의 안내소 등에서 수많은 물리적인 장벽을 경험하게 된다.

최근 장애인들이 대중교통 이용을 위한 시설 개선과 변화에 대한 노력이 실제적인 성과로 나타나고 있는 상황이지만, 지하철과 기차를 제외한 대부분의 대중교통에서 장애인의 이용은 여전히 어려운 상황이라 할 수 있다. 공공시설이나 일반 건축물의 장애인용 화장실, 경사로 등의 편의시설도 많이 좋아졌지만, 아직도 휠체어를 이용하는 장애인들의 사회활동을 제약하는 경우가 종종 발생한다.

■ 의존적인 휠체어 이동

뇌졸중 등의 원인으로 인해 손, 팔, 다리, 발의 사용이 곤란하여 특정한 제한을 경험하는 장애인이 있다. 예를 들어, 이들은 자신의 신체를 한쪽 방향에서 다른 방향으로 전환하거나 몸을 움직이는 것에서도 어려움을 느낀다. 휠체어를 사용한다는 것은 개인에 대한 보호 서비스에 있어서도 높은 수준의 의존, 예를 들어 식사, 목욕, 화장실 이용, 교통수단의 이용 등에 의존할 수밖에 없음을 의미한다. 전동 휠체어는 이들에게 약간의 자립성을 제공할 수는 있으나, 전동 휠체어의 관리와 이동은 또 다른 어려움이 발생하므로, 여전히 도움을 제공하는 사람이 필요하며 전적으로 의존적인 상태를 벗어나는 것은 어렵다.

활력의 수준에 따른 제한과 관련된 장애 이야기

외상 혹은 정신적인 충격, 질병 혹은 다양한 조건들로 인해 장애를 경험한 것이지만, 기력이나 활력의 상실 그리고 심신의 피로와 허약함 등이 원인이 되어 이동을 하는 일에 장애를 경험하고 있는 사람들이 있다. 암이나 종양치료를 위해 방사선 치료나 약물치료 등으로 의과적인 치료를 하게 되는데, 이로 인해 장애인이 스스로 자리에서 일어나거나 움직이는 데 어려움을 호소하는 등 전반적으로 이동의 제한을 경험하고, 타인의 도움을 필요로 하는 경우가 종종 있다.

주로 만성적인 피로증후군, 부상 등으로 인한 일시적인 장애를 경험한 경우는 기력이 낮은 수준을 보인다. 이밖에도 폐의 기능이 떨어져 산소 호흡기를 착용한 경우, 천식, 폐기종 등 각종 성인 호흡기 질환으로 인해 기력을 상실하며 이동의 제한을 경험하는 사람들도 보게 된다.

신체적인 질환만이 오직 신체 활력의 수준을 낮추는 원인이 되는 것이 아니다. 우울증 등의 정신장애도 인간의 기력을 상실하게 만드는 원인이 된다. 정신장애를 가진 사람들이 일반사람들과 접촉하는 경우, 단순하게 일상적으로 살아가는 것 등은 대단히 많은 활력을 소모하는 일이 된다. 또한 약물치료로 인해 숙면을 제대로 취하지 못하는 경우에는 무기력해지며 기력을 상실하는 경우가 있다.

감각손상으로 인한 제한과 관련된 장애 이야기

시력이나 청력의 손상은 사람들의 감각기능의 제한을 경험하게 만드는 원인이 된다. 예를 들어 시력이나 청력이 완전히 상실된 시각장애인, 청각장애인의 감각기능의 제한은 감각을 완전하게 상실하는 것이다. 청각장애인, 특정 부분에 있어 일정 수준이 부분적으로 상실한 경우, 특정한 조건들이 주어질 때 상실을 보이는 경우가 있다.

장애인들을 위한 교육에서 가장 먼저 시작된 교육은 시각장애인과 청각장애인을 위한 교육이다. 시각장애인의 교육에서는 점자를 개발하게 되었으며, 점자를 이용하여 장애인들에게도 새로운 지식과 기술을 교육하게 되었고, 그 역사가 거의 170년에 이른다. 오늘날 시각장애인 학생들은 주로 일반 학급에 통합되어 교육을 받고 있는데, 장애인 재활 및 특수교육의 보조 장비를 개발하는 과학기술의 발전으로 시각장애인들을 위한 음성전환 컴퓨터, 3D 프린터 혹은 녹음도서, 다양한 소프트웨어 등의 특수 보조공학 도구를 사용하며 이들 장비의 보급은 점차 활성화되고 있다. 감각기능에 손상을 입은 장애학생들은 일반학교 혹은 일반학급에 통합되어 교육을 받고 있으며, 이들은 대학 진학과 동시에 직업훈련기관으로 진출하는 경우가 증가하고 있다.

한편 새로운 과학기술의 발전으로 많은 청각장애인들이 보청기와 인공와우 수술 등으로 다시 소리를 들을 수 있게 되었으나, 이들 장비들이 모든 청각장애인들에게 다 적용될 수는 없는 한계로 인해 여전히 수어를 제1언어로 사용하는 사람들이 존재한다.

의사소통의 제한과 관련된 장애 이야기

앞서 살펴본 바와 같이, 청각에 장애를 가지고 있는 사람들의 경우는 의사소통에 제한을 느끼게 된다. 현대사회에서 청각장애로 인해 의사소통의 제한을 경험하는 것은 다양한 모습으로 삶에 영향을 받게 됨을 의미한다. 의사소통에 제한이 있다는 것 특히 청각장애인 혹은 농인의 문화 속에서 지속적으로 살아가야 한다는 것은, 청인이 누리는 음성언어의 정보와 음성언어에 기초한 다양한 경험의 세계를 자유롭게 나눌 수 있는 기회가 제한된다. 소리가 없는 고요한 세계에서 더욱 값진 소리를 들을 수 있다는 농 정체성의 측면에서 인식할 수 있는 바도 있으나, 다수의 청인과 의사소통하며 교류할 때에 얻을 수 있는 많은 이점과 이익 등을 놓칠 수 있다는 점도 중요한 삶의 제한이 된다.

또한 청각장애인 이외에도 자폐성장애인을 비롯하여 뇌병변장애인, 언어장애인 등 다수의 의사소통이 원활한 사람들 속에서 의사소통의 제한을 경험한 장애인들의 경우에는 자신의 의견을 자유롭게 표현하는 것이 자유롭지 못한 것부터, 타인과의 교류에 있어서도 어려움을 느껴 더욱 더 세상과의 단절과 고립을 경험하게 되는 경우도 있다. 이렇게 사람이 언어적인 의사교환능력이 상실되었을 때에는 몸짓, 손짓, 표정 등 모든 비언어적인 표현인 인간의 원초적인 방법에 의해 의사를 교환해야 한다. 이때 손짓, 몸짓 등으로 표현하는 것을 두뇌로 이해해야 하는데 이와 같은 방법에 의한 의사소통은 매우 어려울 때가 많다. 즉 언어적인 의사소통이 제대로 이루어질 수 없고, 언어적인 의사소통 기능이 상실되었을 때, 의사소통의 제한을 경험하는 장애인들은 홀로 갇혀 있음을 느끼게 된다. 이는 인간이 경험할 수 있는 상황 중에서 가장 고통스러운 상황 가운데 하나가 된다.

이성적인 판단에 있어서의 제한 및 정신기능의 제한과 관련된 장애 이야기

정신적인 기능의 제한을 가지고 있는 장애인 집단은 매우 광범위하다. 전반적으로 정신질환을 앓고 있는 정신장애인을 비롯하여 자폐성장애, 지적장애 등 그리고 알츠하이머병이나 노인성 치매 외에도 각종 뇌손상으로 인한 장애 등을 포함한다. 일반적으로 사람들이 사회 속으로 진입하고, 사회의 구성원들과 통합되어 살아가는 데 기본적으로 요구되는 능력으로는 정신적으로 반응하고 기능하는 능력을 우선적으로 꼽을 수 있다.

그러나 정신적인 기능과 관련한 능력이 상실된 경우에는 종종 이들은 사회로부터 분리되는 것을 느낀다. 또한 신체적인 장애를 가지고 있는 경우에도 정신적인 장애인이 느끼는 것과 같은 사회로부터의 분리를 경험하게 된다. 이는 자본주의 사회가 신체적인 장애인이나 정신적인 장애인에 대해 사회적 거리감을 두고 있기 때문이다.

한편 의학적인 근거에도 불구하고, 정신기능에 있어서 제한은 다음의 여러 사항들과 연계하여 인식되기도 하는데, 예를 들면 유전적인 원인, 질병에 걸릴 소양을 가지고 있는 특성, 생활의 상황적 조건, 약물에 의한 중독, 이밖에도 개인의 생활상의 문제점과 이를 제대로 조정하지 못한 개인의 불찰 등을 원인으로 생각하는 경향이 있다. 또한 지속적으로 정신적인 기능의 제한이 특정한 정신질환이나 약물중독 같은 것과 관련하여, 개인의 무능과 중독이 될 수밖에 없는 개인의 조절 능력의 부족이나 생활태도와 행동에 있어 사회적으로 받아들일 수 없는 규범으로부터의 이탈 등으로 여기는 경우가 많다.

■ 정신장애인

정신장애는 분명 사회적 일탈과 같은 행동적 문제를 동반하는 것으로 볼 수 있다. 이같은 행동은 도덕적으로 비판받을 가능성이 있다. 어떤 하나의 행동이 어떤 사회에서는 가치 있는 행동으로 인정받고 사람들에게 용납되고 있으나 같은 행동임에도 불구하고 또 다른 사회구성원들에게는 받아들여지지 않는 경우가 있다. 인간이 사회규범을 어긴다는 것이 사회구조적인 모델로 평가되는 것과 관련되어 있는데, 이는 사회규범을 준수하지 않는 것은 도덕적으로 옳지 않음을 의미하는 사회적 인식에서부터 비롯된 것이라 할 수 있다.

그 결과 수많은 사람들이 정신장애로 고통을 받고 있고, 이들의 고통은 개인의 고통만이 아닌 이들의 가족구성원들에게도 커다란 고통을 주고 있으며, 이와 같은 고통은 전체 사회에 중요하게 영향을 미치고 있다. 실제로 가족구성원들 가운데 한 사람이 정신장애 진단을 받게 되었을 때, 그 외의 가족들이 겪는 어려움은 다양하다. 이들을 돌보기 위해 정신적 · 신체적으로 고통을 호소하기도 하고, 가족들이 겪는 사회적인 낙인을 견디기 위한 정신적인 고통은 더욱 가중되고 있다. 이들 가족들은 분노와 스트레스 등을 자주 경험하게 된다. 지역사회의 지지망이 이들 정신장애를 가지고 있는 개인이나 가족들에게 자신이 속한 사회에서 거부당하지 않도록 하는 일에 옹호자로 나서며, 이들에게 필요한 지원을 제공하는 일을 담당하여야 하는 것이 매우 중요하다.

더욱이 정신장애인들의 경우에는 자신들이 사회에서 경험한 제한에 관한 내용들에 관해서 혹은 자신들의 문제에 관해서 제대로 표현하지 못하는 경우가 빈번하다. 또한 정신장애인들은 자신들의 감정과 사회적인 제약에 관해 글로 남기는 경우도 많지 않아 이들이 경험하는 사회적인 제약을 이해하고 소개하기는 쉽지 않다. 그러므로 사회복지실천을 수행하는 사회복지사들은 정신장애인이 느끼는 사회적인 제약의 독특한 경험들에 대해 상세하게 이해해야 한다.

■ 발달장애인

자폐성장애인의 경우에는 청각장애인들이 독특한 문화를 가지고 있는 것과는 달리 자폐성장애인들만의 독특한 문화를 가지고 있지 않다. 하지만 자폐성장애인들은 자신들만의 세계에서 살고 있다. 이 세계 속에는 다양한 사람들이 속해 있는데, 예를 들어 자폐성장애인을 비롯하여 이들과 관련이 있는 사람들 특히 이들을 돌보는 가족, 이들을 교육하는 교사, 이들을 돕는 활동지원사 혹은 근로지원인, 이들을 고용한 고용주 등이 이 세계 속에서 함께 생활하고 있다. 이들의 행동규칙, 자립규칙 등 다른 사람들과 만들어 나가는 규칙들은 이들 자폐성장애인들이 최대한 자신의 선택에 의해 자신의 방식대로 살 수 있도록 돕고 있다.

자폐성장애인을 포함한 발달장애인들은 대부분 일상의 생활 속에서 신체적·성적 혹은 정서적인 학대를 경험하고 있는데, 이러한 학대는 간혹 이들을 돌보는 가족이나 생활지도교사 혹은 활동지원사 등에 의해 이루어지는 경우가 많다. 또한, 이들에게 가해지는 학대는 폐쇄적인 공간에서 발생되고 있기 때문에 외부로 노출되지 않는 경우도 많다. 더욱이 피해를 입은 발달장애인들이 피해 사실에 대한 진술 능력이 떨어지기 때문에 이들에게 가해지는 학대 내용이 사회적으로 무시당하거나 공개되지 않은 채 덮어지는 경우가 종종 있다. 그래서 가장 상처를 많이 받고, 피해를 당하기 쉬운 사람들이 바로 발달장애인들이다. 실제로 발달장애인들과 함께 외출을 한다거나, 이들과 함께 단체로 이동을 해야 하는 경우에는 복잡한 지하철이나 버스 정류장에서 이들 발달장애인을 잃는 경우가 종종 있다. 또한 교육 현장이나 직업훈련기관 등에서 발달장애인들에게 교육하는 일은 지속적으로 대단한 인내가 필요하며 반복적인 훈련을 요한다.

뿐만 아니라 발달장애인은 성적인 면에서도 다양한 문제를 나타내는 경우가 종종 있다. 특히 성적인 학대에 노출될 위험성이 높고, 청소년기 이후에는 이성과의 교제와 관련한 문제, 주변의 성인들이 이들의 성적인 관계를 부정적으로 인식하는 등 발달장애인의 성적인 문제는 여러 측면에서 논쟁적인 요소들을 만들어 내고 있다. 발달장애인의 특수성을 고려한 특정한 기준을 마련하고, 그 기준에 따라 성적 정체성을 허용하는 시기를 결정해야 할 것인지, 이들에게 언제부터 법률적인 성인으로 인정할 것인지 등은 지금 현재 직면하고 있는 상당히 어려운 문제들이다. 분명한 것은 발달장애인의 경우에도 이들이 성장하여 일정한 시기가 되었을 경우에는 성적인 생활이 가능해야 하며, 성적인 내용과 관련된 정보와 도움이 되는 토론과 교육의 제공이 필요하다.

생각해보기

- 여러분은 제1장부터 제4장까지의 이야기를 통해 어떤 내용을 새롭게 알게 되고 생각하게 되었나요?
- 여러분은 각 장애 영역에 따라 다른 장애 이야기 속으로 들어갈 준비가 되셨나요?

제 2 부

장애 영역별 세부 이야기

제 5 장

지체장애인의 이야기

이야기 들어가기

장애인은 결혼할 수 있을까?

장애인은 부모가 될 수 있을까?

요즘은 여러 가지 이유로 결혼과 임신, 출산, 육아 등을 포기하거나 본인의 의지로 선택하지 않는 사람들도 많지만, 인간에게는 사랑하고 싶은 욕구를 가지고 있고, 자녀를 낳으면 부모로서 모·부성애도 가진다.

우리 사회 속 다양한 장애 유형만큼이나 다채로운 모습으로 살아가는 장애인들은 과연 결혼과 부모로서의 역할을 감당하기 위해 어떻게 살아가고 있을까? 또 그 과정들 속에서 어떤 경험과 고민을 하며 살아가고 있을까?

그리고 장애인의 결혼과 임신, 출산, 육아에 대한 사회의 시선은 어떠할까?

본 장에서는 두 사람의 이야기를 담아본다.

지체장애를 가지고 어머니로서의 삶을 살아가는 자현씨의 이야기와 아버지로서의 삶을 살아가는 민건씨의 이야기를 들여다본다.

이야기 살펴보기

어머니 이야기

장애인이 어떻게 결혼을 할 수 있을까?

부모님의 생각은 변하지 않았다.

어디 부모님만의 생각이랴.

"쯧쯧…, 몸도 성치 않은데 결혼이나 할 수 있겠어?"

"수녀가 되는 건 어때? 수녀들은 결혼을 안 하잖아."

"저 옆 동네에 사별한 영감이 재취(두 번째 장가가서 맞이한 아내를 뜻함)를 얻으려 한다던데, 소개 좀 해줄까?"

어려서부터 지체장애를 가지고 있는 자현씨의 부모님과 동네 어르신들은 자현씨가 결혼 적령기가 되자 걱정과 염려의 말들을 쏟아냈다. 가뜩이나 부모님이 돌아가신 후의 삶에 대해 부모님과 오빠들, 올케들에게 부담을 주는 것 같아 마음이 무거운데, 본인의 결혼에 대해 어른들이 쏟아내는 말들을 듣고 있자니 '어떻게든 스스로 자립해야겠다.'는 마음만 커진다. 결국 자현씨는 고향을 벗어나 서울로 올라오게 되었고, 장애인을 고용하는 한 회사에 취업하였다.

회사에서 함께 일하던 동료와 마음이 맞아 결혼을 결심했지만 결혼의 과정도 순조롭지는 않았다. 자현씨의 어머니가 사위가 될 지금의 남편을 좋아하지 않았기 때문이다. 남편에게도 장애가 있다. 자현씨의 어머니는 장애를 가진 딸이 결혼을 못할지라도 기왕 결혼한다면 장애가 없는 남성과 결혼하여 자현씨의 불편한 부분을 도울 수 있기를 바랐을 것이다. 그런 부모님의 마음이 이해는 되지만 한편으로는 자현씨가 평생 함께 살아갈 인생의 동반자를 선택하는 데 장애 유무는 중요하지 않았다. 그저 자신을 아껴주는 마음이 더 중요했으니까. 그렇게 부모님들을 설득하였고, 지금의 남편과 결혼할 수 있었다.

그때는 어린 마음에 자신이 가족들에게 부담을 주는 존재인 것 같아 마음이 무겁기만 하였다. 그런데 나이가 들고, 장애인의 인권에 대해서도 배우게 되다 보니 그때 일을 생각하면 자현씨는 의문이 생긴다.

'왜 장애가 있다는 이유 하나만으로 한 개인의 결혼에 대한 가능성을 다른 사람들이 함부로 판단하고 강요하는 것일까?'

'왜 장애인에게는 자신이 사랑하는 사람을 스스로 선택할 기회조차 갖기가 어려운 것일까?'

부모님과 지인들은 자현씨를 걱정하고 염려하는 마음에 한 말이었을 것이다. 그러나 자현씨는 사랑조차 타인으로부터 강요받아야 하는 장애인의 현실이 씁쓸하다. 그리고 그것을 가족과 지인들에게 걱정을 끼치는 장애를 가진 자신의 탓으로 생각했던 젊은 날의 자신을 토닥여 주고 싶다.

자현씨는 결혼하면 모든 것이 자유롭고 삶이 순탄할 줄 알았다. 신혼집을 정하는 것부터 아이를 낳아 기르는 것까지 삶의 모든 순간이 고민과 갈등, 위기의 연속이었다. 우선 결혼해 신혼집을 정하는 데 부모님과 가까운 곳에서 살 것인지, 서울이나 경기도 쪽에서 살 것인지가 고민이었다. 고향에서는 장애인이 할 수 있는 일이 많지 않았다. 자현씨와 남편 모두 지체장애를 가지고 있기에 시골에서 농사를 지으며 살아갈 수는 없는 노릇이었다. 그리고 무엇보다 자현씨는 부모님과 가까운 곳에서 살고 싶은 마음이 없었다. 장애가 있는 딸과 사위를 바라보며 한숨지을 부모님을 생각하니 걱정끼치는 것도 싫고, 부담드리는 것도 싫고, 그런 상황까지 신경써야 하는 일 자체도 싫었기 때문이다. 남편과 상의하여 신혼집은 서울과 가까운 경기도의 한 지역으로 정하였다.

사람들의 생각은 자현씨 부모님처럼 왜 쉽게 바뀌지 않는 것일까?

자현씨가 결혼할 수 없을 것이라 생각했던 사람들은 자현씨가 결혼을 하고 나니 아이를 가질 수 없을 것이라 생각했다. 그러나 사실 그런 환경에서 살아왔기에 자현씨조차도 자신이 아이를 가질 수 있을지 없을지 잘 몰랐다. 결혼해서 6개월이 지나도 아이가 생기지 않자 자현씨는 자신이 아이를 가질 수 없는 몸일지도 모른다는 생각을 했다. 그 이후에 자연스레 첫째 아이를 임신하게 되었다. 아이를 가졌다는 기쁨도 잠시였다.

당연히 건강하게 자연 분만으로 아이를 출산하리라는 꿈에 젖어 있었지만 자현씨의 바람대로 되지는 않았다. 출산일이 다가와도 아이는 아랫배 밑으로 내려오지 않았고, 진통조차 생기지 않았던 것이다. 병원에서 골반이 벌어지지 않아 자연 분만이 어려우니 제왕절개를 해야 한다고 권유했다. 의사의 권유에 따라 제왕절개로 아이를 출산했다. 자현씨의 첫째 아이는 3.5kg의 건강한 남자 아이였다.

그러나 지금까지의 어려움들은 어려움도 아니었다. 아이가 태어나니 더 큰 산이 기다리고 있었다. 출산 이후에는 친정어머니께서 고향에서 올라와 한 달 동안 산후조리를 도와주셨다. 친정어머니의 힘인 것인가. 친정어머니께서 도와주신 동안에는 큰 어려움 없이 잘 지냈다. 친정어머니께서 고향으로 내려가신 후에는 남편에게도 장애가 있으니 남편의 도움을 바랄 수도 없는 상황에 놓이게 된 것이다.

아이는 업거나 안아 흔들흔들 움직여줘야 울음을 그치는데, 이조차도 장애를 가진 부모로서는 누군가의 도움을 받아야만 했다. 주인집 아주머니께서 그런 사정을 알고 아이를 잘 업어주시곤 했다. 아들이 자라면 몸과 마음이 조금 편해질까.

"나도 아빠랑 놀이터 가면 안 돼?"
"아빠랑 팡팡이(트램폴린)하고 싶어."

자현씨의 아들이 어렸을 때 자주 하던 말이다. 어린 아이들은 부모가 몸으로 많이 놀아줘야 한다는데, 엄마와 아빠 모두에게 장애가 있는 자현씨의 아들은 그러지 못했다. 아들이 어릴 땐 아빠와 놀고 싶다고 졸라도 들어주지 못해 부모로서 마음이 아팠다. 그러나 얼마 지나지 않아 아들은 부모에게 밖에 나가서 놀자고 조르는 일이 점점 줄어들었다.

넘어져서 울어도 달려와 안아서 달래주지 못하는 엄마와 아빠의 장애를 알아버린 것일까. 어느 순간부터 넘어져도 엉금엉금 기어와 휠체어를 잡고 일어나 엄마와 아빠의 품에 안기고 나서야 우는 아들. 천천히 알아도 좋을 것을, 아니 몰라도 좋을 것을…. 부모님의 장애로 감내해야 하는 현실들을 너무 이른 나이에 알아가고, 적응하고, 포기하는 아들…. 그런 아들의 모습을 지켜보는 자현씨 부부의 마음은 시리다 못해 아리다.

자식에게 많은 것을 해주고, 보여주고 싶은 마음은 어느 부모든 같다. 아이가 조금씩 자라감에 따라 많은 것을 보고 경험할 수 있도록 부모가 함께 활동을 해주어야 하지만 자현씨 부부는 그럴 수 없었다. 자현씨 부부와 같은 신체적인 장애가 있는 장애인들을 위한 편의시설과 이동을 위한 교통이 잘 갖추어지지 않았기 때문이다. 여행이나 아이들이 좋아하는 놀이동산은 둘째 치고, 집 가까운 놀이터조차 휠체어 진입이 불가능하다. 그리고 요즘 그 흔한 키즈 카페나 실내 놀이터 같은 곳들은 밖에서 묻은 흙과 먼지가 있는 휠체어를 가지고 들어가는 것도 눈치가 보인다.

언제쯤 장애인이 사랑하는 사람과 자유로이 결혼하여 가정을 꾸리고 자녀를 낳아 양육하는 것이 당연하고 자유로울 수 있을까?

아버지 이야기

생후 6개월 된 아들 연우가 자지러지게 운다.

아이를 안으니 온몸이 불덩이 같이 뜨겁다.

민건씨는 아이를 안고 전동 휠체어로 가까운 병원으로 달려갔다.

"네. 어디가 안 좋으세요?"

"아뇨. 제가 아니고 이 아이, 제 아들이 열이 심해서요."

분명 우는 아이를 안고 있는데 간호사의 눈에는 아들 연우가 아닌 민건씨가 환자처럼 보였나보다. 아이와의 관계, 아이의 증상 등을 간호사에게 전달하고 검사에 들어갔다. 그렇게 정신없이 아이를 의료진들에게 맡기고 이런저런 검사를 마칠 때까지 민건씨는 복도에서 기다리고 있었다. 간호사가 나와서 민건씨 아들의 이름을 불렀다.

"강연우 아기 보호자 분! 강연우 보호자 분 안 계세요?"
"전데요. 제가 연우 아빠입니다."

그렇게 들어간 진료실에서 의사가 민건씨를 맞았다.

"강연우 아기 보호자분? 아이와 관계가 어떻게 되시죠?"
"연우 아빠입니다."

민건씨는 답을 하면서 한숨을 쉬었다.

병원에 들어서면서부터 문진을 하는 내내 아이와의 관계를 물어 자신이 아버지임을 수차례 이야기했건만 의료진들 귀에는 '내가 연우 아빠'라는 말이 들리지 않고, 그들의 눈에는 전동 휠체어에 앉아 있는 왜소한 체구의 민건씨가 도무지 보호자 같지 않은가보다. 보호자로서의 민건씨를 바라보는 의료진들의 시선이 민건씨는 불편하다. 그 시선은 민건씨가 타인으로부터 받아왔던 '장애가 주는 낯섦'에 대한 시선과는 전혀 다른 시선이다. 보호자로서 신뢰하지 않는 듯한 눈빛과 태도가 서려진 시선인 것이다.

의료진만 장애인을 그러한 시선으로 보는 것은 아니다. 아내가 연우를 임신하면서 함께 찾았던 여성병원에서의 일이다. 어느 날 간호사가 민건씨를 조용히 부르는 것이었다.

"최현미 산모 보호자분~, 잠시만 이쪽으로 같이 가실까요?"

"아! 네."

"이거 어느 산모께서 아기용품이라며 꼭 전해달라고 하셨어요."

민건씨는 자리로 돌아와 쇼핑백을 들여다보았다. 육아서적, 젖병과 같은 육아용품이 들어있었다. 정성스레 쓴 손 편지와 함께….

안녕하세요.

OO여성병원에서 진료 받는 산모입니다.

아이를 처음 가져보면서 설렘과 기쁜 마음이 들면서도 좋은 엄마, 좋은 부모가 될 수 있을까 두려운 마음도 들고, 무엇보다 건강히 아이와 만날 수 있었으면 좋겠다는 여러 가지 마음이 들지요.

비록 장애를 가지셨지만 저와 같은 마음으로 아이를 기다리고 계실 거라 생각합니다. 아이를 갖고 열심히 진료받으러 오시는 산모 분과 남편 분 보면서 정말 대단하시다는 생각도 들어요.

실례가 되었을지 모르겠지만 저희 육아용품 구입하면서 두 분을 응원하는 마음을 담아 몇 가지 챙겨보았습니다. 도움이 되었으면 해요.

출산과 육아 모두 쉽지 않은 일이라고 하지만 열심히 사시는 두 분의 모습을 보며 아이도 씩씩하게 자라리라 믿습니다! 희망 잃지 마시고요!

익명의 산모 드림

생각해준 마음과 배려가 담긴 정중한 편지였다.

그러나 민건씨는 마지막 문장이 눈에 밟혔다.

'희망 잃지 마시고요!'

이 한 문장에 고마움과 미안함이 동시에 느껴지는 것은 왜일까.

우선은 같은 부모로서 공감하고 응원해준 그 산모의 마음이 느껴져 고마운 마음이 들었다. 그러나 민건씨는 '과연 그 산모가 나와 나의 아내에게 장애가 없었어도 그랬을까?' 하는 생각이 들었다. 당사자의 의지나 노력과 관계없이 타인의 시선에 '장애가 있는' 아빠와 엄마로만 비춰져 안타까운 마음의 표현으로 이어지는 현실 앞에서 민건씨는 슬픔을 느낀 것이다.

사실 민건씨도 아내를 만나 결혼하기 전까지는 보호자로서 병원을 찾기보다 환자로서만 다녔다. 간단한 진료 정도는 혼자 다니기도 했지만 대부분 옆에 항상 장애가 없는 부모님이나 동생이 보호자로서 동행했다. 그러나 장애인이라고 언제나 보호를 받기만 해야 하는 것일까. 장애인도 결혼을 하고 배우자의 보호자로, 부모로, 또 나이가 드신 부모님의 보호자로 살아갈 수 있는 것 아닌가? 장애 여부를 따지기 전에 인간으로서 그저 삶을 살아가는 것은 누구에게나 같은 모습이고, 그 모습을 같은 시선으로 바라보면 좋을 텐데 말이다.

생각해보기

- 여러분은 결혼 상대나 결혼의 가능성, 임신과 출산의 가능성 등에 대해 타인이 지시하거나 강요한다면 어떠신가요?
- 장애를 가진 아기를 낙태하는 것에 대한 여러분의 생각은 어떠신가요?
- 장애인이 보호의 대상이 아닌 부모로서, 배우자로서 삶을 주체적으로 살아가기 위해서는 우리 사회가 어떤 변화를 시도할 수 있을까요?

제 6 장

뇌병변장애인의 이야기

이야기 들어가기

뇌병변(腦病變)장애란 언어적 의미 그대로 뇌의 손상으로 인해 신체적인 기능에 장애를 갖게 되는 것을 말한다. 뇌의 손상 정도나 부위에 따라 신체적인 장애만 가지기도 하고, 언어장애나 지적장애 등을 함께 가지게 되는 경우도 있다.

그러나 근육의 경직과 어눌한 발음 등 겉으로 나타나는 모습만을 보고 함부로 대하는 경우도 적지 않다.

상상해보자!

여러분이 외국에 가서 음식점에 들어갔는데 자국민이 아니라는 이유로 입장을 거부한다면?

또한 이에 대해 이의 제기를 하자 자국의 언어를 정확하게 표현하지 못한다고 무시한다면?

본 장에서는 언어장애를 동반한 중증의 뇌병변장애인 정남씨가 고객으로서 상점과 대중교통 등을 이용한 이야기를 나누고자 한다.

이야기 살펴보기

PC방과 방송국 이용하기

정남씨는 아침 일찍 집을 나선다. 정남씨가 좋아하는 여성 아이돌 그룹이 TV 음악방송에 출연한다고 하여 사전녹화를 방청하기 위해서이다. 녹화 시간은 오후이지만 다양한 가수들의 많은 팬들이 방청을 위해 모이기에 대부분 아침부터 줄을 서고 대기한다. 휠체어를 이용하는 정남씨도 이에 질세라 아침 일찍 집을 나선 것이다.

방송국 앞에 도착해 음악방송의 방청객 명부에 간단한 정보를 체크하고도 시간이 3시간이나 남는다. 정남씨는 늘 그랬듯이 방송국 근처에 있는 PC방으로 향했다.

쿵! 짤랑짤랑~!

방송국에 올 때마다 오는 단골 PC방의 문을 당당하게 열고 들어간 정남씨.

사장님이 계셨다.

"아…, 손님. 자리가 없는데…."

정남씨는 PC방 안을 둘러보았다. 그러나 빈자리가 많았다.

중증의 언어장애를 동반한 뇌병변장애를 가진 정남씨는 사장님께 빈자리가 많이 보인다고 이야기하기 위해 온몸에 힘을 주고 말하기 시작했다.

"저어기…, 자리…가… 많… 이… 있느…은…데요…?"

"네? 뭐라고요?"

"저어기…, 자ㄹ…."

"아 됐고, 우리 자리 없으니까 나가요!"

답답하다. 자신의 말을 알아듣지 못한다. 아니. 아예 들으려 하지 않는다. 답답함이 밀려오자 정남씨의 몸이 더 경직이 되고, 얼굴도 더욱 일그러진다. 조금 더 목소리라도 높여보면 들어줄까.

"사…장…님…, 제 말 좀…, 들어보세요. 장애인…이라고…, 자…리가… 있…는데…도…, 없…다고…."

아뿔싸. 사장님이 전화기를 집어들고 경찰에 신고를 하는 것이다.

"여보세요. 112죠? 여기 ○○PC방인데요. 어떤 장애인이 와서 막 난동을 부려서요."

정남씨는 어디서부터 꼬여서 일이 이렇게까지 된 것인지 혼돈스러웠다. 마음이 불안하기도 했지만 경찰에게 하소연을 하면 중재를 해줄 것이라 믿고 경찰이 오기를 기다렸다.

"경찰인데요. 무슨 일이신 거죠?"

"아, 저희가 지금 자리가 없어서 이용이 어려우시다 말씀드렸더니 이 장애인 분이 갑자기 막 소리를 지르면서 난동을 부리셔서요. 아무리 설명해도 통하지를 않아서…."

"아…아…아니…, 저어기…, 자…리가…, 있…는데…, 없…다고 하…셔…었…잖아…요…."

경찰이 오고도 상황 설명과 각자의 입장만을 이야기하는데 30분이 흘렀다. 상황 설명을 듣던 경찰이 귀찮은 듯 사장님을 따로 불러 귓속말로 이야기한다. 두 사람에게는 귓속말이지만 사실 정남씨의 귀에도 다 들릴 정도로 이야기했다.

"사장님, 그냥 일단 PC방 문 닫으시고요. 저 분 가시고 나면 그때 다시 여세요."

정남씨는 화가 치민다. 민중의 지팡이라 불리는 경찰인데, 저 경찰에게 장애인은 민중에 속하지 않는 것인가.

"지…그음…, 하…신… 말쓰…음…국…가…인권…위…워…언…회…에……진…정…넣겠…습니다."

무슨 말인지 그렇게도 못 알아듣던 PC방 사장님과 경찰이 정남씨의 어눌한 발음으로 말한 '국가인권위원회'와 '진정'이란 단어는 찰떡같이 알아들은 모양이다.

"사장님, 원래 이러시면 안돼요. 장애인도 이용할 수 있게 하셔야 해요."

그제서야 PC방 사장님에게 장애인을 차별하는 것이 잘못된 행동이라는 것을 주의시키는 경찰을 보며 정남씨는 한숨을 지었다.

그렇게 우여곡절 끝에 PC방에서 시간을 보내고 사전녹화 시간이 다 되어 방송국으로 갔다. 입장을 위해 줄을 서고 정남씨의 차례가 왔다. 녹화장에 입장하려는 정남씨의 휠체어를 경호팀 직원이 막아섰다.

"장애인은 입장이 어렵습니다. 팬들이 많아서 방송사고가 나면 위험해져서요. 집으로 돌아가 주세요."

하….

오늘은 장애인 출입 통제의 날인가 보다.

출입 통제는 아까 겪은 PC방 사건으로 끝난 줄 알았는데….

납득이 되지 않고 동의할 수 없는 상황이지만 일단 사람이 너무 많았고, 위험한 상황은 정남씨도 원치 않기에 아쉬운 마음을 안고 집으로 돌아왔다.

장애인에게도 문화예술 공연을 관람하거나 TV 프로그램 등을 방청할 권리가 있기에 정남씨는 오늘의 상황에 대해 국가인권위원회에 진정을 넣었다. 1주일 뒤에 국가인권위원회에서 연락이 왔다. 당시 방송국 출입의 상황을 증명해 줄 녹음파일이나 목격자가 있는지 물었다. 그러나 정남씨에게는 그 어떤 것도 없었다. 국가인권위원회에서는 사건을 증명해 줄 자료가 없으면 사건 접수가 어렵다고 이야기했다. 예기치 않게 출입을 통제 당한 당혹스러움에 그 흔한 녹음파일 남길 생각조차 못했던 것이 후회스러웠다. 특별한 지원이 필요 없고 개인적인 시간을 즐기고 싶어 활동지원사와 동행하지 않았던 것도 이 순간만큼은 아쉬움으로 다가왔다. 그러나 정남씨의 사례가 장애인의 인권이 침해되고 차별의 상황임을 국가인권위원회 담당자도 공감했는지, 조금 특별한 사례이기에 방송국 측에 연락을 취해보겠다고 했다.

그리고 1주일 뒤 국가인권위원회 담당자에게서 연락이 왔다. 방송국 해당 프로그램의 PD가 민원인과 직접 이야기하고 싶다는 뜻을 전했다며 연락처를 전달해도 되냐는 것이다. 정남씨는 수락했다. 적절한 해명과 사과를 받고 싶었기 때문이다.

"여보세요. 하정남 씨죠? NBS 음악 담당 PD입니다. 먼저 지난 사전녹화에 참여하지 못하시게 된 점 사과드립니다. 저희가 방청석에 휠체어석이 따로 마련되어 있지 않습니다. 그래서 휠체어 장애인 분들의 방청이 어려운 상황입니다. 그래서 장애인 분들 특히 휠체어를 이용하시는 분들의 입장을 제한하고 있습니다. 죄송합니다."

"아니, 그러면 그런 상황을 설명을 해줬으면 납득이라도 했을 것 아닙니까. 그리고 휠체어석이 없으면 마련을 해야지 언제까지 장애인 입장을 제한할 건가요?"[1)]

"네. 죄송합니다. 당일에 안내를 잘 해드렸어야 했는데 경호팀 직원들과의 소통이 원활하지 못해서 오해가 생겼네요. 그리고 휠체어석은 조만간 마련해 놓을 예정이니 언제든 방청을 희망하시면 오시면 됩니다. 다시 한 번 정말 죄송합니다."

1) 본 대화에서는 정남씨의 언어장애로 인한 소통의 어려움이 아닌 '해명에 따른 의사표현'을 강조하고자 굳이 정남씨의 언어장애를 표현하지 않았음을 밝힌다.

그 일이 있고 몇 개월 뒤 정남씨는 다시 한 번 음악방송 방청을 위해 방송국을 찾았다. 녹화장에 휠체어석이 생겼다. 위치가 카메라 뒤편이라 잘 보이지 않아 아쉽기는 하지만 자신이 적극적으로 장애인의 권리를 찾아 민원을 넣어 실제 개선으로 이어진 결과를 보니 뿌듯하기도 했다.

음식점이나 카페, 옷가게 같은 상점들을 이용하려면 정남씨가 방송국을 갔던 날 PC방과 방송국에서처럼 출입이나 입장을 통제받는 일이 다반사이다. 이유는 다양하지만 대부분 정남씨의 장애를 이유로 제한하는 것이다. 심지어 노골적으로 '장애인은 안 받아요'라고 하는 사장님들도 있다.

언제쯤 우리 사회는 장애인을 고객으로 인식할 수 있게 될까?

대중교통 이용하기

정남씨는 직장인이다.

매일 아침 출근하기 전 스마트폰에 버스 안내 어플을 통해 집 앞 버스 정류장에 저상버스가 지나가는 시간을 확인한다. 직장까지 출근할 때 저상버스를 이용하기 위해서이다.

버스 정류장에서 활동지원사 선생님과 함께 저상버스를 기다린다.

저상버스가 들어오지만 버스가 정류장에서 멀리 떨어져 정차한다.

사람들이 우루루 버스로 달려가 탑승한다.

정남씨는 활동지원사 선생님께 눈짓을 한다.
활동지원사 선생님이 버스로 달려간다.

"기사님, 저기 정류장에 휠체어 장애인 탑승하게 정차 부탁드려요."
"아침이라 손님이 많아요. 뒤에 오는 차 타세요."

버스 기사님이 그냥 가버렸다.

'그래. 이 노선은 배차 간격이 10분인데 오늘 조금 일찍 나왔으니 기다려보자.'

10분을 기다렸고 다음 저상버스가 정류장에 정차했고, 정남씨의 활동지원사 선생님이 또 달려가 기사님께 휠체어 장애인의 탑승을 알렸다.

"아이씨 진짜, 아침에 바쁜데 왜 타겠다는 거야."

기사님이 버스를 바른 위치에 정차하고 나와서 경사판을 꺼내주면서 정남씨에게 한마디 덧붙였다.

"오늘은 일단 해드리는데요, 아침에 바쁜 출근길에 웬만하면 돌아다니지 마요. 다른 승객들 기다리잖아요."

"저…도…, ㅊ…출…근…, 하는… 길…이에…요."

"기사님, 번거로우신 것도 아는데요, 이 분도 지금 출근하는 길이에요. 장애인도 정해진 일정이 있어서 움직이는 거예요."

정남씨와 활동지원사 선생님이 이야기하자 버스 기사님은 더 이상 말을 하지는 않았다. 다만, 미간이 잔뜩 찌푸러진 채로 동의할 수 없다는 듯 고개를 저으며 운전석으로 돌아갈 뿐이었다.

그렇게 찜찜한 마음을 품으며 오늘도 정남씨의 아침이 시작되었다.

다른 기사님들 중에는 요즘 장애인콜택시도 많이 돌아다니고, 지하철역에 엘리베이터도 있는데 편하게 그런 것들을 이용하지 왜 굳이 저상버스를 타냐고 묻는 분들도 있다. 그런데 정남씨가 저상버스 이용을 고집하는 데도 나름의 이유가 분명하다.

정남씨가 부모님으로부터 독립하기 위해 고향인 경상도 지역을 벗어나 성남으로 온 지 5년이 되었다. 고향에서 살 때는 서울과 경기 등 수도권은 장애인콜택시도 지방보다 많고, 지하철이나 저상버스 등 장애인이 이용할 수 있는 대중교통의 선택지가 많아서 외출이 자유로울 것이라 생각했다. 왜냐하면 정남씨의 고향은 지하철이 없는 지역이고, 저상버스가 1개 노선 밖에 없어 저상버스가 지나가지 않는 곳으로 휠체어 장애인은 이동할 수가 없었기 때문이다. 정남씨가 자립해서 성남으로 올 무렵에서야 장애인콜택시가 생겨났지만 운행차량의 수도 2~3대 정도뿐인데다 야간이나 주말 이용이 자유롭지 않고 인접 지역 이동도 불가능한 제약이 많았다.

그런데 성남에서도 여전히 이동이 자유롭지는 않다. 지하철역마다 엘리베이터가 있어 지하철 이용이 편하다고 생각했지만 한 개의 역에서만 엘리베이터를 2~3번 타야 한다. 지상에서 대합실로 1번, 대합실에서 승강장까지 1번은 기본이고, 역에 따라서는 중간에 어딘가를 거치기 위해 엘리베이터를 타야 하는 경우도 생기고, 환승을 해야 하는 경우는 환승 구간에서도 엘리베이터를 갈아타야 하기 때문에 비장애인의 지하철 이동 시간보다 약 1.5배 이상 더 소요된다.

그렇다고 장애인콜택시는 어디 이용이 쉬운가?

비장애인들에게 콜택시는 부르면 3분 내에 올 것이다. 그러나 장애인들에게 콜택시는 부르면 빨라야 30분, 보통은 1시간 내외, 많게는 3~4시간을 기다려야 온다.

혹자는 "그러면 예약을 하면 되지?"라고 할지 모르겠다. 그러나 지역마다 즉시 이용으로 운영하는 곳과 예약 이용으로 운영하는 곳이 다르며, 예약 이용을 우선으로 하는 경우 치료나 재활 목적의 병원 이용에 한해서만 예약을 받는 곳도 있기에 단순 출퇴근이나 외출을 위해 예약 이용이 어려운 경우가 훨씬 많다.

정남씨가 사는 성남의 경우도 예약은 병원 목적에 한해서만 가능하다. 이러한 사정을 모르는 버스 기사님들의 질문도 이해가 되지만, 한편으로 정남씨는 의아하기도 하다. 대중교통은 말 그대로 대중이 이용하는 것인데, 그 대중에 장애인은 포함되지 않는 것일까? 모든 대중교통이 장애인을 포함한 모든 교통약자들이 자유로이 이용할 수 있는 날이 오기를 바랄 뿐이다.

생각해보기

- 여러분이 정남씨라면 PC방 이용과 방송국 입장에 제한을 당한 상황에서 어떻게 대처하겠습니까?
- 여러분이 대중교통을 이용하는 중 탑승에 제약을 받는다면 어떻게 대처하시겠습니까?
- 의사소통에 장애가 있는 사람과의 대화를 위해 어떻게 해야 할까요?

제 7 장

시각장애인의 이야기

이야기 들어가기

여러분은 학창시절에 어떤 추억을 가지고 있는가?

학업으로 스트레스 받은 기억, 친구들과 어울렸던 추억, 학교 선생님으로부터 혼나거나 칭찬받은 기억 등 떠올리는 추억들이 다양할 것이다.
장애인에게 학창시절의 추억은 어떨까?
더욱이 장애인과 비장애인이 함께 어울리는 학교생활은 어떠할까?

여러분은 직장생활에서 어떤 어려움이 있는가?
능력을 인정받기 위해, 직장 상사나 동료들과 좋은 관계를 유지하기 위해 고군분투할 것이다.

장애인의 직장생활 역시 다르지 않아야 할 것이다.
경쟁사회를 살아가는 우리들.
학교에서나 직장에서나 타인과 경쟁하며 자신의 능력을 인정받기 위해 치열하게 살아간다.

그런 사회 속에서 열등한 존재로 인식되는 장애인들은 소외당하고, 외면당하고, 심지어 거부당한다. 그러한 인식을 깨기 위해 장애인 당사자는 비장애인보다 몇 배의 노력으로 타인에게 자신들의 능력을 인정받으려 한다.

시각장애인 희안씨의 학창시절과 취업, 직장생활의 이야기를 함께 나누어보자!

이야기 살펴보기

학창시절의 이야기

희안씨는 선천적으로 시각장애를 가지게 되었다. 왼쪽 눈은 전맹이고, 오른쪽 눈은 시력이 0.1 정도로 약하다. 안경을 착용하면 TV 자막이나 책의 글자를 정확하게 볼 수 있고, 안경을 착용하지 않으면 희미하게 보이는 정도이다.

사람들은 희안씨에게 어쩌다 시각장애를 갖게 되었는지, 장애의 원인이 무엇인지 묻곤 한다. 그러나 희안씨 역시 정확한 장애의 원인을 알지 못하고, 부모님께도 장애의 원인에 대해 물어보거나 부모님을 원망한 적이 없다. 어쩌겠는가? 이미 장애가 있는 것을. 원인을 안다면 의료진들이 치료했겠지….

왜들 그리 장애 원인에 관심이 많은지…. 희안씨에게 그런 것은 중요하지 않다. 장애를 가진 사람을 대하는 사람들의 태도와 인식이 더 중요하다고 생각한다. 자신을 대하는 사람들의 태도에 상처를 받기도, 감동을 받기도 하니까….

희안씨의 부모님은 희안씨를 특수학교가 아닌 일반학교에서 비장애 학생들과 함께 통합교육을 받도록 하셨다. 학창시절을 되돌아보면 희안씨는 장애로 인해 경험한 일들이 많다. 그것이 좋은 일이든, 좋지 않은 일이든.

"야! 째려보지마~, 왜 째려보냐?"

"안 째려봤거든!"

"봐봐. 지금도 계속 째려보잖아!"

"아니라고!"

초등학교 시절 자리를 바꿀 때마다 희안씨의 옆자리에 앉는 짝꿍 친구들은 전맹인 희안씨의 왼쪽 눈 때문에 째려본다는 오해를 했다. 지금 생각해보면 조금 더 적극적으로 자신의 장애를 친구들에게 설명해주었더라면 좋았겠다는 생각도 든다. 그러나 어린 나이에 친구들의 그런 말들, 놀림이 하나하나 상처가 되어 희안씨를 점점 소극적이고 내성적인 성격으로 만들어갔고, 이는 친구들 사이에서 '말이 없는 아이'로 인식되는 악순환을 가져오기도 했다.

자는 시간을 빼고는 항상 안경을 착용하는 희안씨는 비가 오는 날이나 추운 겨울이 싫다.

중학교 때의 일이다. 수업을 마치고 집에 가려는데 비가 쏟아지고 있었다. 희안씨는 급히 가방을 뒤져보았지만 우산이 없었다. 비를 맞으며 집으로 걸어가는데 안경에 김이 서려오기 시작했다. 김이 서리면 앞을 보는 것이 어렵기도 하지만 김 서린 안경을 쓰고 비에 홀딱 젖어 있는 자신의 모습을 친구들이나 사람들이 쳐다보는 것 같아 너무나 싫었다.

어디 친구들뿐이겠는가. 선생님들도 희안씨의 장애에 대해 정확하게 알고 적절히 대해주지 못한 분들도 있었다.

"자! 교과서 68쪽에 나와 있는 윤동주의 시, 누가 읽어볼까?"

국어 시간, 누군가 대표로 교과서에 나온 시를 읽어보라며 국어선생님은 학생을 지목하기 위해 출석부를 보신다.

"김희안!"

"네."

선생님의 호명에 희안씨는 책을 들고 일어섰다.

그러나 국어선생님은 희안씨가 아닌 다른 학생을 다시 지목했다.

"아. 너구나. 미안. 강한별이 대신 읽어보자."

'나도 글씨 볼 수 있는데. 나도 읽을 수 있는데….'

희안씨에게 글씨가 보이는지, 읽을 수 있는지 물어보셨으면 좋았으련만. 국어선생님은 희안씨의 장애 정도나 의향을 물어보지 않은 채 다른 학생에게 기회를 준 것이다.

희안씨는 학창시절 한문에 흥미가 있었다. 한문을 제대로 배우고 싶은 마음이 있었지만 한문선생님 역시 희안씨에게 배울 기회를 주지 않았다. 칠판에 글씨를 조금 크게 써주셨다면 희안씨도 보고 따라 쓸 수 있었을텐데. 한글이나 영어와 달리 한문은 획수가 많은 복잡한 한자의 경우 정확히 구분하기 어렵기도 하고, 손으로 옮겨 적을 때 어떤 순서로 써야 하는지도 알 수가 없기 때문이다.

그럼에도 희안씨가 학창시절 일반학교에서의 학교생활을 잘 마무리하고 사회로 나올 수 있었던 것은 친구들 사이에서 소외되지 않도록 챙겨주신 담임선생님과 먼저 다가와준 친구가 존재했기 때문이다.

가장 기억에 남는 것은 초등학교 때 담임선생님으로 희안씨를 잘 챙겨주셨다. 소풍 때 아이들과 함께 사진을 찍고 싶었지만 친구들 사이에서 소외되었던 희안씨를 위해 담임선생님이 나서서 아이들과 함께 사진을 찍을 수 있게 해주셨고, 희안씨가 적극적으로 수업에 참여할 수 있도록 도와주셨다.

성인이 되고 선생님께서 결혼하신다는 연락을 주셨다. 초등학교 시절 선생님께서 희안씨에게 주신 사랑이 너무 감사하여 기쁜 마음으로 결혼식에 참석해 축하해드렸다. 비록 시각장애로 결혼식장의 분위기를 세세하게 느끼지는 못했지만 선생님의 결혼을 축하할 수 있다는 것만으로도 희안씨는 좋았다.

중학교 2학년 때는 희안씨에게 먼저 다가와준 연주라는 친구가 있었다.

"같이 밥 먹을래?"

점심 시간이면 아무도 희안씨와 함께 밥을 먹으려 하지 않았던 반 친구들…. 그러나 연주라는 친구는 어느 날 희안씨에게 먼저 다가와 함께 밥을 먹자고 했다. 그 친구는 항상 희안씨와 함께 해주었고, 희안씨가 어려워했던 영어도 알려주고, 여느 친구들처럼 사춘기 시절의 고민도 함께 나누었던 친구였다. 학년이 바뀌고, 서로 다른 고등학교로 진학하면서 연락이 끊기게 되었지만 지금도 희안씨는 고마운 친구 연주와의 추억을 되새기며 그리워한다.

취업 이야기

서류전형에 합격했다!

희안씨는 설레는 마음으로 면접날이 오기를 기다렸다.

〈문자메시지〉
[○○ 기업] 신입직원 공개채용
김희안 님, 금번 신입직원 공채
1차 서류전형 합격을 축하합니다!

〈2차 면접전형 일정 및 장소 안내〉

- 20○○. 4.14.(금) 10:00
- ○○ 기업 서울 본사 세미나실

면접 보는 날.

거울을 꼼꼼히 들여다보며 옷매무새와 머리, 화장까지 단정하고 깔끔하게 준비했다. 기업들의 예상 질문까지 정보를 수집하여 빈틈없이 준비하며 노력했다. 학창시절 소심하고 내성적이었던 희안씨지만 자신의 능력을 자신감 있게 보여주리라 다짐하며 집을 나섰다.

"김희안 님 들어오세요."

희안씨의 순서가 되자 진행요원이 호명한다. 면접실로 들어가니 3명의 면접관이 희안씨만을 바라보고 있음이 느껴졌다. 면접관들의 시선과 면접실 안의 무거운 공기가 중압감으로 다가왔지만 희안씨는 자리에 앉아 연습한 대로 당당하게 인사와 자기소개를 시작했다.

"우리 회사에 지원한 동기를 말씀해주시겠어요?"

예상했던 질문이다. 셀 수 없이 연습했던 답을 차분하게 풀어나갔다. 이번에는 다른 면접관이 이야기했다.

"김희안 씨. 시각장애가 있으신데…, 시각적 정보를 많이 다루는 저희 회사랑은 맞지 않는 것 같습니다."

질문이 아니라 통보였다.

희안씨는 말문이 막혔다. 사회 초년생이었던 희안씨는 면접에서 자신의 장애가 이슈가 되고, 그것이 취업에 방해요소가 될 것이라는 것까지 생각하지 못했다.

적극적인 성격의 장애인이었다면 거기에 반박을 할 수 있었을까?

자기소개와 입사 지원 동기를 통해 자신이 일반학교에서 공부했고, 누구보다 열심히 공부했고, 자신의 능력이 충분함을 잘 어필했다고 생각했는데, 그럼에도 불구하고 시각장애가 있어서 채용이 어렵단다. 안경을 착용하며 면접관 한 사람 한 사람과 눈을 맞추며 면접에 응했는데도 그들에게는 희안씨가 그저 '보지 못하는 사람'으로 인식된 것이다.

제조업체부터 의류, 디자인, 건설, 교육, 식품업체까지 희안씨가 지원할 수 있는 곳은 모두 지원해보았지만, 서류전형이나 필기시험까지 합격해도 면접에서 희안씨의 장애를 이유로 채용을 하지 않았다. 어떤 기업은 필기시험 응시를 위해 확대 시험지와 추가 시간 요청을 했는데 그런 지원이 어렵다고 거절하여 필기시험 기회조차 얻지 못하고 포기하게 된 경우도 있다.

취업에서 여러 번 실패와 좌절을 경험한 끝에 모 기업의 제빵공장에 취업을 하게 되었다. 유명한 기업들의 빵이 희안씨의 손으로 만들어진다는 것이 신기했다. 우리 팀을 가르치고 관리하는 담당자 분의 설명에 따라 열심히 빵을 만들어보지만 항상 지적을 받는다. 반죽부터 크림의 양까지 세밀하게 보고 맞추어야 하는데 처음 제빵 일을 해보는데다 안경을 착용하고도 오른쪽 눈의 시력에만 의존해야 하는 희안씨에게는 쉬운 일이 아니었다.

좋게 잘 설명해주면 좋으련만…. 다른 직원들도 실수하던데 유독 희안씨에게만 친절하지 않은 담당자의 태도에 학창시절 친구들에게서 느꼈던 외로움과 답답함을 다시 느끼게 되었다. 그래도 희안씨는 묵묵히 자신의 일을 해왔다. 학창시절에도 그랬으니까.

3년여 일을 해오니 이제는 희안씨만큼 빵을 잘 만드는 사람이 없다. 그렇게 지적하고 무뚝뚝하게 대했던 담당자도 지금은 희안씨를 흐뭇한 아빠 미소로 바라보고 있음을 희안씨도 알 수 있다.

"크림 그렇게 많이 넣으면 안 된다고요! 김희안 씨한테 물어보고 좀 배워요."

이제는 다른 직원들이 실수하면 희안씨가 한 것을 보고 배우라고 말씀하신다.

자신의 능력이 아닌 장애만을 보고 채용해주지 않은 회사들에 상처

받고 좌절했던 시간들도 있었지만, 반대로 좀 더디더라도 자신의 능력을 믿고 기다려준 지금의 회사도 있어 희안씨는 오늘도 힘을 내어 제빵공장에서 열심히 빵을 만든다.

생각해보기

- 여러분이 할 수 있는 일임에도 타인에 의해 참여할 기회를 얻지 못한다면 어떤 마음이 들까요?
- 장애인과 비장애인이 함께 교육을 받는다는 것은 어떤 의미가 있을까요?
- 장애인과 비장애인이 함께 직장생활을 한다는 것은 어떤 의미가 있을까요?

제 8 장

청각장애인의 이야기

이야기 들어가기

청각장애라고 하면 인공와우 이식 수술을 하거나 보청기를 착용하여 불편 없이 잘 살 수 있을 것이라 흔히 생각한다. 또는 수어를 사용하면서 살면 된다고 여긴다.

하지만 보청기를 한다고 해도,

아무리 입 모양을 잘 읽는다고 해도,

상대가 하는 말을 전부 알아들을 수는 없다. 그러다보니 알아듣는 척하기도 하고 상대에 의도적으로 맞추는 소통을 대체로 하게 된다.

수어를 사용하기 위해서는 수어를 쓰는 사람을 만나야 한다.

들을 수 없다는 것은 의외로 많은 어려움을 동반한다.

청인 사회에서도, 농인 사회에서도 적응하지 못한다면 정체성의 혼란까지도 가져올 수 있다. 따라서 가족이나 전문가, 주변인들이 최대한 빠른 시기에 적절한 의사소통 방법을 찾아 사회와 소통하며 살아갈 수 있도록 지원하는 것이 도움이 될 수 있다.

이제 청각장애를 갖고 사는 사람들의 이야기로 들어가보자!

이야기 살펴보기

청각장애를 가진 아동의 이야기

“어머! 예뻐라! 아이가 송중기를 닮았네.”

정음이는 3살 밖에 되지 않은 아이지만 유명한 배우처럼 이목구비가 또렷하고 잘 생겨 사람들의 이목을 끈다. 겉으로 보기에는 아무 걱정도 없을 것 같이 활발하고 해맑은 아이이다. 하지만 정음이는 청력이 심하게 손상되어 있는 상태이다.

정음이의 부모님은 자신들의 아이에게 뭔가 잘못된 게 아닌가 의아해 하면서도 정음이가 2살이 지날 때까지 정확한 이유를 알지 못했다.

"정음아, '엄.마.' 해봐. '엄.마.'"

"정음아~, 여기 보자~! 이쁜~ 짓! 해볼까? 이쁜~ 짓!"

"…."

다른 아이들은 2~3개월만 지나면 옹알이도 하고 눈도 맞추고, 아빠와 엄마의 말에 반응도 보이며 까르르 귀엽게 웃으며 소위 '이쁜 짓'이라 불리우는 애교도 부리는데 정음이는 또래에 비해 매우 차분했다. 처음에 정음의 부모는 아이가 그저 주의력이 부족한 것이겠거니 생각을 했다.

아이의 개월수가 많아질수록, 정음이가 점점 자랄수록 정음이의 엄마는 점점 아이의 이상함을 느끼기 시작했다. 정음이가 다른 방에 있을 때는 불러도 대답이 없어서 그 방까지 가야 했던 것이다. 뿐만 아니라 아이가 자다 깨어 엄마를 찾으며 울 때, 다른 방에 있을 경우에는 엄마가 직접 그 방에 가서 모습을 보여줘야만 울음을 그쳤다. 무엇보다 가장 이상한 점은 첫돌이 지나 정음이가 걷기 시작했는데도 말을 하지 않았다는 것이다!

"아이고…, 애가 말이 좀 늦는 것뿐이야. 염려할 것 하나도 없어."

정음의 할머니는 걱정하는 아빠와 엄마에게 이렇게 이야기했지만, 정음이는 두 돌이 지나서도 여전히 말을 하지 않았다.

'우리 애가 혹시 지적장애나 자폐성장애는 아닐까?'

TV에서 자폐성장애 아동에 관한 프로그램이 나오는 것을 시청하던 정음이의 엄마는 문득 정음이도 비슷한 장애를 갖고 있는 것은 아닌지 걱정하기 시작했다.

그렇게 아이를 데리고 병원으로 찾아갔다.

"정음이에게 청각장애가 있네요. 그래도 약간의 청력은 남아있는 상태입니다. 아이의 미래를 위해서는 인공와우 이식 수술을 권면해드립니다. 하지만 이 수술을 할 경우에 정음이에게 남아있는 청력은 포기해야 합니다."

약간의 청력이 남아있다면, 그것을 굳이 포기할 이유가 있겠는가? 정음이의 부모는 우선 아이에게 조금이나마 청력이 남아있음은 안도

감으로 다가왔고, 그것을 살려 보청기를 사용하는 방향으로 결정했다.

하지만 어디 듣는다는 것이 저절로 되는 것인가. 청인들은 느끼지 못하고 살아가겠지만 한 번도 소리를 들어보지 못했던 정음이에게는 우선 소리의 세계와 가까워질 수 있도록 노력해야 했다. 그렇게 소리와 언어에 집중할 수 있도록 한 다음 점점 정음이에게 언어와 말을 익히도록 훈련해야 했다.

"정음아. (손으로 엄마 자신을 가리키며) 나. 엄.마."

"(밝게 웃고 입 모양을 크게 벌리며) 아이. 좋아."

정음이와 이야기를 나눌 때는 정음이가 얼굴을 잘 볼 수 있도록 얼굴과 눈을 마주보며 입술 모양과 얼굴 표정을 통해 말을 알아듣는 방법을 배우도록 했다. 이 모든 과정과 방법들은 청능훈련 전문가와 언어치료사, 특수교육 전문가의 조언을 따랐다.

조금 더 일찍 정음이의 장애를 알게 되고 교육과 훈련을 했으면 얼마나 좋았을까. 한창 자신의 생각을 재잘재잘 말할 수 있는 나이에 소리와 단어들을 익혀야 하다니…, 정음이의 부모는 정음이에게 청각장애가 성장을 얼마나 지연했는지, 그 지연을 극복하기 위해서는 얼마나 많은 시간과 노력을 더 들여야 하는지 실감하면서 후회와 아쉬움, 부모로서의 자책감이 들었다.

"엄.마. 바.아."

"정음아, 이건 '바.아.'가 아니고 '바.다.'"

“바.아…, 아아앙~.”

끈질긴 노력으로 보청기를 사용한 지 1년이 되어 비로소 정음이는 말을 하기 시작했다. 하지만 아직도 갈 길은 멀다. 상당수의 단어는 발음을 구분하기 어렵거나 제대로 발음되지 않기 때문이다. 가족은 가족대로, 정음이는 정음이대로 지칠대로 지치고 스트레스를 받고 있다. 자신감이 심어져야 할 나이에 정음이는 지금 의사소통의 어려움으로 좌절과 소외를 경험하며 한껏 풀이 죽어 있다.

‘이럴 줄 알았으면 의사의 말대로 인공와우 수술을 할 걸 그랬나.’

정음이의 부모는 인공와우 수술을 진지하게 고민하고 있다. 주변에서는 왜 빨리 수술을 하지 않는지 의아해한다. 하지만 과연 수술에 성공한다고 정음이가 언어치료와 청능훈련을 받지 않아도 될까? 지금의 이런 좌절과 소외를 겪지 않아도 될까? 어차피 수술을 받아도 지금과 다를 바 없는 삶을 살아야 하는 것 아닐까? 차라리 그럴 바에는 수어를 배우게 해서 수어로 소통하는 농 사회에 적응하며 살아가도록 하는 것이 정음이의 행복을 위한 것은 아닐까?

정음이의 가족은 청각장애를 가지고 살아갈 정음이에게 어떤 정체성을 안겨주고 살아가도록 하는 것이 정음이의 진정한 행복을 위한 선택인지를 고민하게 된다.

농 문화 속에서 살아가는 두 사람

■ 농인 청년 강준의 이야기

강준씨는 어릴 때 열병으로 청각장애를 갖게 되었다.

부모님의 의지에 따라 구화교육에 기초한 교육을 받으며 소위 '말'이라 표현되는 '청인(비장애인)의 언어'를 열심히 배웠다. 그렇기에 강준씨는 농인의 모국어인 수어는 배우지 못했다.

초등학교 4학년 때, 강준씨는 일반학교로 전학을 갔다. 농인으로서의 정체성은 가슴 속 깊은 곳에 묻어둔 채 청인 중심의 세계에서 청인들과 소통하기 위해 청인들에게 맞추며 오직 필담만으로 의사소통을 하며 자라왔다.

"뭐라고? 똑바로 말 못해? 나이가 몇이고 학년이 몇 학년인데 아직도 제대로 말을 못해!"

'짝!'

아무리 말을 열심히 배우고 노력하고 연습해도 강준씨의 발음은 비장애인처럼 완벽하지는 못했다. 비슷한 입 모양의 발음은 특히나 어려웠는데 그러한 발음들을 제대로 구사하지 못한다는 이유로 선생님으로부터 뺨을 마구 맞은 적도 있었다. 평생에 잊을 수 없는 나쁜 기억은 강준씨의 마음에 씻을 수 없는 큰 상처로 남아있다. 강준씨는 청인 중심의 사회에서 마치 외계인과 같은 취급을 받았다.

청인 세계에서 소외감을 느끼며 살아온 강준씨이지만 어려서부터 철저하게 청인 중심의 구화교육을 받으며 자라온데다 아직 어렸기에 자신의 정체성과 장애에 대해 깊게 고민해보지 못했다.

그러다가 고등학교 2학년 어느 때부터인가 자신이 남들과 다르다는 생각이 들었고, 자신의 정체성에 대해 고민하다가 방황하고 학교를 자퇴하게 되었다. 그렇게 수년 동안 방황의 시간을 보내다가 강준씨는 우연히 교회를 통해 농인과 수어를 처음 접하게 되었다.

"안녕하세요. 저는 최강준입니다. 제 얼굴이름은 '별+남자(수어)' 입니다."

수어로 소통하는 농인들만의 문화, 즉 농 문화 속에 스며들면서 강준씨의 삶에 큰 변화가 일어났다. 농인들은 수어로 이름을 소개할 때 자음과 모음을 지화로 일일이 표현하는 번거로움을 덜면서 각자의 개성과 특징을 살려 간단한 수어 표현을 만들고 이를 '얼굴이름'이라고 표현한다. 그래서 사람들이 자신의 이름을 쉽게 기억할 수 있도록, 자신의 개성과 특징을 나타내는 강준씨만의 얼굴이름도 만들고, 같은 장애를 가진 농인들과 수어로 소통하며 마음을 나누며 농인으로서의 정체성을 확립해나갈 수 있었던 것이다.

20대 때부터 농 문화 속에 살게 된 강준씨는 '농 문화' 하면 떠오르는 키워드(key word)가 있다.

'동질감!'

농인들은 청인에 비해 동질감이 특별히 강한 것 같다.

지체장애나 다른 장애 유형들에 비해서도 농인들은 동질감이 강한 것 같다.

식당에서나 길을 가다가 낯선 농인을 만나더라도 수어를 사용하는 모습을 보고 농인임을 아는 순간 너무나도 자연스럽고 반갑게 인사를 나눈다. 심지어 먼 여행이나 해외에서 낯선 농인을 만나더라도…, 누가 먼저랄 것도 없이 먼저 인사를 건네고, 한 번 모이면 시간 가는 줄도 모르고 밤 늦게까지 열심히 수다를 떨기도 한다.

이 모든 것들이 자연스러운 그런 동질감.

이것이 바로 농 문화의 핵심이 아닐까.

■ '코다(CODA)'[2] 풀랭의 이야기[3]

우리 부모님은 소리를 듣지도 말하지도 못한다.

난, 아니다.

나는 두 개의 언어로 말한다. 내 안에는 두 개의 문화가 살고 있다.

말소리와 대화 소리, 음악 소리가 있는 '소리'의 낮.

수화와 소리 없는 대화, 시선만이 오가는 '침묵'의 밤.

두 세계로의 항해, 말과 수화, 두 개의 언어, 두 개의 문화 그리고 두 개의 나라.

---

2) '코다(CODA)'는 'Child of Deaf Adults'의 약어로 농인 부모에게서 자란 청인 자녀를 말한다.

3) 이 이야기는 코다인 베로니크 풀랭이 쓰고, 권선영이 번역하여 2015년에 한울림스페셜에서 출판한 책 『수화, 소리, 사랑해!』의 7쪽부터 13쪽까지의 내용 중 저자 풀랭의 자기고백을 인용해온 것이다.

나는 엄마의 치마를 잡아당겼다. 나를 좀 봐 달라는 뜻이었다.

엄마는 몸을 돌려 나를 보며 웃었다. 그리고 머리를 살짝 기울였다. "응?"이라는 뜻이었다. 나는 엄마를 올려다보며 오른손으로 가슴을 두드렸다.

"나!"

그러고는 입안에 손가락을 연거푸 넣었다 뺐다.

"먹다."

내 수화는 무척 서툴렀다. 엄마가 웃었다. 엄마는 두 손의 엄지를 배에 대고 나머지 손가락들을 엄지에 모으면서 몸을 앞으로 구부렸다.

"배고파."

이것이 농인들의 세계에서 대화하는 방식이다.

"맞아요. 엄마. 나 배고파요!"

그리고 목도 말랐다. 두리번거리며 엄마를 찾았다. 그때는 내가 갓 걸음마를 시작했을 무렵이었다. 난 비틀비틀 주방까지 걸어가다 그만 균형을 잃고 말았다.

'쿵!'

엄마가 순간적으로 돌아서더니 가까스로 나를 붙잡았다. 아무 소리도 못 들었을 텐데. 엄마는 항상 내게 무슨 일이 일어나는지 감지했다.

내 목소리를 듣지 못하는 만큼 엄마, 아빠는 얼마나 나를 지켜보았는지 모른다. 내게 아무 일도 일어나지 않은 것은 당연했다. 그들은 한시도 나에게서 눈을 떼지 않았으니까.

이것이 다가 아니었다. 부모님은 늘 나를 매만지고 쓰다듬어 주었다. 눈빛과 손짓, 미소 그리고 내 볼을 어루만지는 손길…. 모두 소리를 대신하는 것들이었다. 뭔가 마음에 들지 않을 때 부모님은 눈살을 찌푸렸다. 사랑한다고 말하고 싶을 때는 나를 꼭 끌어안고 뽀뽀해 주었다. 이런 상황이 그리 나쁘지만은 않았다. 오히려 더 자주 뽀뽀해 줬으면 했다. 특히 아빠가 더 많이 뽀뽀해 주길 바랐다.

우리 집은 아주 작았다. 나는 부모님과 한방에서 잤다. 나는 밤중에 결코 우는 법이 없었다. 우는 것은 아무 소용이 없는 일이었다. 어차피 엄마 아빤 내 소리를 듣지 못했으니까. 엄마는 밤에 두세 번씩 깨서 내가 잘 자고 있는지, 혹시나 내가 자다가 죽은 건 아닌지 확인했다.

혼자서 걸어다닐 정도로 자랐을 무렵에는 오히려 내가 일어나 엄마 아빠를 깨웠다. 주로 뭔가 필요하거나 악몽을 꿨을 때였다. 하지만 자주 있는 일은 아니었다. 나는 잠을 깊이 잘 자는 아이였고, 모든 소리에 무감각했다. 내 잠자리는 평온했다.

가끔 나는 수화를 할 때 아무 의미도 없는 말을 정반대로 표현했다.

그러면 엄마는 바로잡아 주었다. 그것도 두 가지 언어로.

엄마의 목소리는 이상했다. 엄마는 길거리를 지나는 다른 사람들과 말도 다르게 했다. 하지만 그게 우리 엄마였고, 나는 그런 엄마를 이해했다.

생각해보기

- 여러분이 정음이의 부모라면 인공와우 수술 결정과 청능훈련, 구화교육, 수어교육 중 어떤 선택을 하겠나요?
- 여러분이 의사소통의 어려움을 겪었던 경험이 있다면, 그때의 감정과 대처했던 방법을 생각해봅시다.

제 9 장

정신장애인의 이야기

이야기 들어가기

여러분은 '정신장애'하면 무엇이 떠오르는가?

정신병원 등을 떠올리거나 최근 뉴스와 같은 매스컴의 영향으로 범죄자 등을 떠올릴지도 모른다.

그러나 조울증과 같은 정동장애나 조현병, 망상장애, 수면장애 등 정신장애의 양상은 다양하다. 수많은 스트레스 속에 살아가는 비장애인도 어쩌면 정신장애의 일부를 가지고 있을지도 모른다.

극도의 스트레스나 트라우마로 치료되지 못하는 장애를 갖게 되는 정신장애인을 향해 우리는 그들의 장애에 대해 알아가고 그들과 가까워지려는 노력을 하기보다 그들을 두려운 존재로 인식하고 멀어지려고 하는 것은 아닌가?

행복했던 일상에서 어떤 사건을 계기로 정신장애를 갖게 된 남자.

그 정신장애로 모든 일상과 모든 인간관계가 뒤엉켜버렸지만 누구에게도 자신의 고통을 털어놓을 수 없는 남자 인우씨의 이야기를 함께 나누자!

이야기 살펴보기

근심과 고통을 참아내는 남자의 이야기

"인우랑 말하면 귀신이 옮아서 같이 이상해진대."

"인우랑 말하면 정신병자가 칼 들고 찾아간대."

"인우랑 눈이 마주치면 인우가 밤에 찾아와 죽인대."

정신장애를 가진 인우씨를 바라보는 주변 사람들이 한 말들이다. 장애에 대해 잘 알지 못하면서…. 인우씨가 어떤 생각을 품고 있는지, 어떤 마음의 상처를 참아내고 있는지 알지 못하면서…. 제대로 알아보려는 노력도, 다가오려는 노력도 하지 않은 채….

설령 인우씨에 대해 알더라도 단지 정신장애라는 이유로 멀리하고, 사람들이 쏟아내는 독한 말과 행동들은 다시 인우씨에게 비수로 날아와 꽂힌다.

유년시절 가난한 집에서 태어난 인우씨는 맞벌이를 하는 부모님과 함께 살았다. 가난했지만 사랑이 넘치는 집안이었기 때문에 가정은 늘 화목했다.

다만, 인우씨의 부모님은 자영업자였기 때문에 출근 시간이 누구보다 빨랐던 반면에 퇴근 시간은 늦었다. 인우씨는 유치원→태권도 학원→컴퓨터 학원→피아노 학원→친구 집을 반복하며 혼자 살아가는 것에 빨리 적응했다.

인우씨는 화목한 가정에 수많은 친구들, 자전거, 오락기 등 많은 놀거리들이 있었기 때문에 부모님이 맞벌이를 한다는 것에 불만이 없었다. 그런 그에게 유일한 걱정은 자신이 돈을 사용함으로 인해 부모님이 경제적으로 힘들어 하는 것이 유일한 걱정이었다.

경제적인 부분에서 또래에 비해 일찍 철이 들었던 인우씨는 용돈 3천 원을 받으면, 다음 용돈을 받는 날 부모님께 다시 3천 원을 돌려드리고 돌려준 3천 원을 다시 용돈으로 받았다. 학교 준비물을 제외하고 인우씨는 그 어떤 돈도 사용하지 않았다. 사랑하는 부모님을 위해 경제적인 부분에 있어서는 자신만의 엄격한 규칙을 지켜나갔다. 그런데 인우씨가 11살이 되던 해, 피아노 학원에서 잊을 수 없는 일이 발생했다.

"인우 형! 나 잡아봐라~!"

"영기, 너! 거기 딱 있어. 잡히기만 해봐라!"

여느 때처럼 쉬는 시간에 친한 동생 영기와 잡기놀이를 하던 인우씨. 인우씨가 영기를 잡으려는 순간! 아뿔싸. 인우씨의 손에 닿은 영기가 자신의 속도를 이기지 못하고 넘어졌다. 인우씨보다 어렸던 영기는 넘어지자마자 눈물을 터뜨렸고 선생님이 영기를 달래어 집으로 돌려보냈다.

인우씨는 그날 밤 영기가 걱정되었다. 많이 아플까봐 걱정했고 자신이 밀어서 다치게 된 것 같아 미안했다. 다음 날, 인우씨는 피아노학원에서 영기를 만날 수 있었다. 학원에 온 영기를 보며 반가운 마음도 잠시, 영기의 팔에 있는 깁스가 눈에 들어왔다.

"영기야, 어제 넘어진 건 괜찮아? 미안해."

"어제 넘어지면서 팔에 금이 갔대. 그런데 치료비가 많이 나온다고 부모님한테 혼났어."

"치료비? 얼마나 나왔는데?"

"자세히는 모르겠지만 20만 원 정도 나온 것 같아. 우리 부모님이 형네 부모님한테 연락할지도 몰라. 치료비 때문에."

순간 인우씨는 머리를 망치로 얻어맞은 기분이었다. 한 달 용돈이 3천 원인 인우씨에게 20만 원은 생각할 수 없는 금액이었기 때문이다. 부모님을 도와드리지는 못할망정, 오히려 부모님에게 짐을 드리다니. 인우씨는 더 이상 학원에 있을 수 없어 조퇴를 하고 집으로 걸어가며 스스로를 자책하며 하염없이 울었다.

다행히 영기의 부모님이 인우씨의 부모님에게 연락하지는 않았다.

그러나 인우씨는 그 날 이후 평소 보이지 않던 행동을 하기 시작했다. 인우씨는 집을 나서고부터 본인이 왔던 길을 계속 다시 봤다. 어떨 때는 한 번 돌아보고, 어떨 때는 두 번, 세 번 돌아보기도 했다. 그러고는 뭔가 아니다 싶으면 자신이 왔던 길을 다시 되돌아갔다가 다시 목적지로 향하기도 했다. 그리고 이러한 모습은 시간이 지날수록 심해져 한 번 갔던 길을 수십, 수백 번 왔다갔다 하기도 하였다. 인우씨의 이러한 행동은 일상생활에 영향을 미칠 정도로 심해졌지만, 이상하게도 집에서는 뒤를 돌아보는 행동이 나타나지 않았다. 그래서인지 인우씨는 집 밖에 나가고 싶어하지 않았다. 그러나 학교를 가지 않을 수 없는 노릇이기에 매일 같이 집을 나섰다.

인우씨는 자신의 행동을 부모님은 몰랐으면 좋겠다고 생각했다. 하지만 모든 것이 인우씨의 바람대로 흘러가지는 않았다. 학교에 가던 인우씨는 저 멀리서 자신을 향해 달려오는 엄마를 보았다. 무언가에 굉장히 놀랐는지 사색이 된 표정으로 달려오는 엄마. 인우씨 앞에 도착한 엄마는 인우를 붙잡고 그 자리에 주저앉아 울었다.

학교 선생님으로부터 등교 시간이 1시간이 지나도 오지 않는다는 연락을 받은 엄마는 인우씨를 찾느라 온 동네를 헤매었던 것이다. 행여나 사랑하는 아들이 납치라도 되었을까, 사고라도 당했을까라는 온갖 걱정에 헤맸을 엄마를 보니 인우씨도 덩달아 눈물이 났다.

그 날 저녁 부모님은 인우씨에게 무슨 걱정이 있는지, 학교에 괴롭히는 사람이 있는지 다양한 것들을 물었다. 그러고는 무슨 이유에서든 괜찮으니 이야기만 해달라고 했다.

"길에 돈이 떨어진 것 같아서요. 제가 주머니에서 손을 뺐는데 그때 주머니에 있던 돈이 함께 떨어진 것 같아요. 그래서 그걸 찾으러 왔던 길을 계속 왔다갔다 했어요."

부모님은 여전히 인우씨가 무슨 말을 하는지 이해할 수 없었다. 돈은 흘릴 수도 있으니 괜찮다며 걱정하지 말라고 다독여주기만 할 뿐이었다.

인우씨는 처음으로 본인이 아닌 다른 사람에게 자신의 마음을 솔직하게 말했다. 피아노 학원에서 사건이 있은 이후 인우씨가 뒤를 돌아보는 건 돈이 떨어졌을까 싶어 그것을 확인하기 위해서였다. 다른 사람이 흘렸을 수 있는 돈이 아닌 인우씨 자신의 돈….

주머니에서 손을 뺄 때, 가방을 맬 때, 심지어는 그냥 걸을 때조차 자신의 몸 어디에서든 '돈이 떨어질지도 모른다.'는 믿음이 생겼고 영기의 치료비가 나갈지도 모른다는 상황에 자신이 돈을 잃어버리는 것은 큰 불효라고 생각했던 것이다. 집에서는 본인이 돈을 흘려도 어차피 집이기 때문에 뒤를 돌아보는 행동을 하지 않았지만 밖에서는 달랐다. 그 날 이후 부모님은 인우씨를 유심히 관찰했다. 인우씨가 뒤를 돌아보는 행동을 하지 않기를 바랐지만 부모님의 바람은 이루어지지 않았다. 인우씨의 뒤돌아보는 증상과 왔던 길을 되돌아가는 증상은 시간이 지날수록 심해졌다. 심지어 문 뒤를 확인하기 위해 문을 계속 닫았다 여는 것과 뒤를 돌아볼 때 숨을 참는 것 등 새로운 증상들이 생겨났다.

급기야 부모님과 선생님은 상의 끝에 인우씨를 정신병원에 입원시키기로 했다. 병원에 입원한 인우씨는 하루 한 번 정신과 전문의를 만나는 대면치료와 약물치료를 병행했다. 그리고 어린 인우씨의 곁에는 늘 엄마가 함께했다.

'나 때문에 엄마가 돈을 벌지 못해. 나 때문에 병원비가 나가. 나 때문에 부모님이 걱정해.'

이러한 생각이 인우씨를 더욱 괴롭게 했다. 그래서 빨리 퇴원하기 위해 인우씨는 연기를 하기 바빴다. 전문의를 만나면 치료를 잘 받는 척, 치료 후 문 뒤를 일부러 확인하지 않는 척 하였다. 인우씨는 연기를 지속했고, 이에 치료가 다 되었다고 생각한 전문의는 약 한 달 정도 입원 치료 후 퇴원을 결정했다.

퇴원 후에도 인우씨의 연기는 계속 되었다. 친구들과 함께 있을 때는 한 번만 뒤를 돌아봤고 친구들이 가고 나면 자신이 왔던 길을 되돌아가 바닥을 훑으며 하는 것을 반복했다. 부모님과 선생님도 인우씨가 치료가 되었다고 생각했다. 하지만 어느 날부터 인우씨를 둘러싼 이상한 소문이 돌았다.

"인우가 귀신에 씌인 것 같아. 혼자 있을 때 자꾸 이상한 행동을 해."
"병신아. 넌 왜 맨날 뒤를 돌아보냐?"
"이상한 놈."

어린 나이에 감당하기에는 상처가 되는 말들이었다.
인우씨는 외톨이가 되었고 친구들의 놀림감이 되었다.

그 시절 인우씨에게는 가장 친한 친구 만덕이가 있었다.
어느 날 만덕이가 인우씨의 행동에 대해 물었다.

"인우야, 너 애들이 이상한 행동한다고 하는 거. 그거 왜 그러는 건지 얘기해 줄 수 있어?"

인우씨는 만덕이에게 자신의 사정을 솔직히 말했다. 자신의 사정을 두 번째로 말한 것이다. 하지만 만덕이는 인우씨가 좀 이상한 것 같다며, 같이 놀기 싫다고, 이해할 수가 없다며 인우를 떠났다. 그리고 다음 날, 학교에서는 인우씨에 대한 모든 이야기가 소문났고 인우씨의 별명은 '정신병자'가 되었다.

그때부터 아무도 인우씨와 대화하려고 하지 않았다. 인우씨가 다른 친구에게 말을 걸면 모두 도망가기 바빴고, 어떤 친구는 말을 건다는 이유로 발로 차거나 주먹질을 하기도 하였다. 그 무렵 인우씨를 둘러싼 근거 없는 소문들이 퍼져나갔다.

인우씨는 학교에 가는 것이 무서웠다.

자신을 알지 못하는 친구들의 부정적인 시선, 자신을 향한 이유 없는 폭행, 슬리퍼 던지기나 '나는 정신병자다' 포스트잇 붙이기 등은 인우씨를 힘겹게 했다.

"선생님. 아까부터 인우 책상에서 이상한 냄새가 나요. 너무 지독해요."

반 친구 중 한 명의 말에 선생님은 인우씨 책상에 손을 넣었다가 깜짝 놀라고 말았다. 인우씨의 책상 안에 급식 메뉴들이 섞여 이상한 냄새를 풍기고 있었던 것이다. 이는 아이들의 짓이다.

선생님은 인우씨에게 책상 안에 급식 메뉴가 있는 이유에 대해 설명해보라고 했다. 모든 아이들은 이 상황이 매우 재미있다는 듯 인우를 조롱하는 말들을 하나씩 꺼내며 지켜봤다. 인우씨는 아무 말도 하지 않고 그 자리를 빠져나와 집으로 갔다.

더 이상 학교를 다닐 용기가 없었다. 학교를 다닌다는 것이 무서웠다. 하지만 인우씨에게 이보다 더 무서운 건 부모님께서 이 사실을 알게 되는 것이다. 따라서 부모님께 도움을 요청할 수도 없었다. 그 날 이후 인우씨가 보이는 알 수 없는 행동은 더 늘어났다. 아무도 없는 허공을 몇 초간 째려보고 있거나, 한 공간에서 다른 공간으로 이동할 때 숨소리를 거칠게 몇 차례 내쉬거나, 혼자 중얼중얼하는 행동들이었다. 그럴수록 인우씨에 대한 또 다른 소문이 전교에 퍼져나갔다.

"인우랑 말하면 귀신 옮는대. 그러니 인우랑 이야기하면 안 돼."
"인우가 이상한 행동할 때는 귀신이 하는 거라 눈이 마주치면 안 돼."
"인우가 가끔 귀신이랑 대화해. 무서워. 가까이 하지 말자."

인우씨 주변에는 사람이 없었다. 가끔 인우씨를 때리는 무리를 제외하고는 말이다. 그들은 주변에 우월성을 과시하기 위하여 인우씨를 때리고 괴롭혔다. 귀신도 무서워하지 않는 용감함을 보여준 그들은 더욱 기고만장해졌고 괴롭힘의 정도도 심해졌다. 포스트잇을 등에 붙이는 장난으로 시작한 괴롭힘은 학기가 마무리가 될 때 쯤에는 발로 밟는 폭력과 언어폭력으로 변해 있었다.

인우씨는 그렇게 외롭게 학교를 다녔다. 그리고 자신의 고민을 홀로 간직한 채 학교를 졸업했다.

생각해보기

- 여러분이 가장 지키고 싶은 것을 잃었을 때 어떤 마음이 드시나요?(사람, 물건 등)
- 여러분의 감정과 상대방의 감정이 상충되었을 때 어떻게 대처하시나요?
- 정신장애인과 비장애인이 함께 살아가기 위해 우리 사회가 어떻게 변화되어야 할까요?

제 10 장

발달장애인의 이야기

이야기 들어가기

발달장애는 '지적장애'와 '자폐성장애'를 통칭한 표현이다.
배움의 속도가 느린 사람들.
생각의 차원과 느끼는 감각의 정도가 다른 사람들.

그렇기에 충분히 일을 하며 일상생활을 할 수 있는 사람들임에도 불구하고 이들을 나이에 관계없이 존중하지 않고 함부로 대하거나 이들의 장애를 범죄에 악용하는 사람들도 있다.
신고하지 못할 거라는 생각, 타인에게 범죄 사실을 이야기하지 못할 거라는 생각을 가지고 의도적으로 접근해 범죄를 저지르는 사람들.

본 장에서는 일상에서의 인권 이야기가 아닌 조금은 '무거운' 이야기들을 나누려 한다.

보이스피싱으로 경제적인 피해를 입은 수영씨와 디지털성범죄 피해를 입은 유정씨의 이야기이다.

이야기 살펴보기

보이스피싱 이야기

수영씨는 자폐성장애를 갖고 있는 20대 남성이다.

수영씨는 직업재활센터에서 바리스타가 되기 위해 교육받고 있다. 바리스타 교육이 있던 어느 날, 평소와 다르게 불안한 행동을 하며, 유난히 핸드폰을 보며 한숨을 쉬고 화가 난 듯한 수영씨….

"수영씨, 오늘 무슨 일 있어요? 기분이 안 좋아요?"

"…."

직업재활센터 담당자가 수영씨에게 왜 그런지 물어봤지만 대답하지 않았다. 여러 차례 설득한 끝에 겨우 핸드폰을 같이 확인할 수 있었다. 알고 보니 수영씨는 메신저를 통해 금품을 요구받아 금융정보를 포함한 개인정보를 알려주고 돈을 송금하고 있었던 게 아닌가.

상황은 이러했다.

수영씨에게는 SNS에서 만난 친구 영락씨가 있다. 영락씨가 어느 날 수영씨에게 먼저 SNS 메신저를 통해 대화를 걸어왔다. 수영씨는 평소에 취미로 그림 그리는 것을 좋아해서 자신의 그림과 일상 사진을 함께 SNS에 올리기도 한다. 영락씨는 수영씨의 사진과 그림에 관한 이야기로 접근해 왔다.

"커버 사진 멋있네요. 너무 좋더라고요."

SNS 메신저로 대화를 하다가 영락씨는 갑자기 수영씨에게 핸드폰 번호를 물었고, 아무 의심 없이 핸드폰 번호를 알려주었다.

"카○○톡에서 이야기해요."

수영씨가 핸드폰 번호를 알려주고 두 사람은 핸드폰 메신저로 대화를 이어갔다. 하지만 연락을 자주 주고받는 사이는 아니었다. 어느 날 수영씨에게 어떤 링크가 문자로 왔는데, 이때 영락씨에게서 전화가 왔다.

"수영씨, 해킹 때문에 취소하셔야 해요. 제 SNS 아이디가 해킹 당했어요! 아까 해킹범이 수영씨 것으로 결제한 거 아시죠?"

"저는 그 링크 안 눌렀습니다. 의심해서 곧바로 지웠습니다. 스미싱[4] 이라고 생각해서 안했습니다."

하지만 영락씨는 집요하게 수영씨를 속였다.

"링크가 이미 눌린 상태로 간 거라서 악성으로 퍼졌어요. 저는 수영씨한테 결제 건을 취소해 드리려고 전화한 거예요. 다음 달에 소액결제 요금이 나올 거예요. 환불 받고 싶으면 계좌번호 남겨주세요."

수영씨는 그 말에 속아 스미싱에 당한 줄 알고 계좌번호를 알려주었다. 영락씨는 계좌번호와 통장 비밀번호를 안다고 해서 돈을 인출할 수 없다고 수영씨를 안심을 시키며 통장의 비밀번호까지도 알아내었다.

---

4) 스미싱(smishing)은 문자메시지(SMS)와 피싱(Phising)의 합성어로 악성 앱 주소가 포함된 휴대폰 문자(SMS)를 대량으로 전송 후 이용자가 악성 앱을 설치하도록 유도하여 금융정보 등을 탈취하는 신종 사기수법을 말한다(다음백과사전 검색 검출, 2022. 11. 28.).

수영씨도 통장과 카드는 자신이 갖고 있기 때문에 피해를 당할거라 생각하지도 못한 채 비밀번호까지 알려준 것이다. 영락씨는 수영씨에게 본인 확인을 해서 환불을 해주겠다며 다른 금융 정보를 물어보았다.

"수영씨, 월급은 어디로 받아요? ○스 어플 있으신가요, 카□□뱅크 있으신가요?"

"본인 확인을 위해서 주민등록증이 필요한데 사진으로 찍어서 보내주세요."

이런 식으로 하나하나 수영씨의 중요한 개인정보와 금융정보들을 알아낸 영락씨는 급기야 돈까지 요구했다.

"환불 받고 싶으면 돈을 먼저 입금해야 해요."

영락씨는 다른 법인 계좌에 돈을 입금하라고 알려주었고, 수영씨는 의심 없이 사기를 당한 돈을 돌려받아야 한다는 생각으로 송금을 했다. 영락씨는 다른 사람이 자신을 사칭할 수 있으니 주의하라며 속였으며, 수영씨는 7차례나 돈을 보냈다. 수영씨는 마음속으로 의심이 갔지만, 영락씨는 그런 수영씨를 여러 이유를 들어 속이고 돈을 가져갔다.

급기야 수영씨가 더 이상 현금이 없다고 하자, 카드 사진을 찍어서 보내라고까지 요구했다. 카드 어플을 깔도록 하고 인증번호를 요구했다. 이에 수영씨는 카드 결제까지 하게 되었고, 카드 결제가 끝나자 영락씨는 상품권 구매까지 요구했다.
수영씨가 시키는 대로 다 하니 계속 요구했던 것이다.

"직장명, 입사 날짜, 4대 보험 가입유무 알아야 합니다. 질문에 답해 주세요."

수영씨는 일하면서도 영락씨로부터 계속 연락을 받았기 때문에 바리스타 교육이 있던 날에 안절부절하는 모습을 보였다. 직업재활센터 담당자는 이런 수영씨의 모습을 보고 피해 사실을 바로 알 수 있었던 것이다.
수영씨는 피해를 당한 지 얼마되지 않았고, 메신저 내용을 삭제하지 않았기 때문에 모든 증거가 남겨져 있었다.

"수영씨, 지금 바로 영락씨에게 답하지 말고 핸드폰 함께 확인해 봐요."

센터 담당자는 영락씨와의 대화를 중단시키고 바로 피해 사실을 확인했다. 영락씨가 시키는 대로 입금한 금액은 10,270,000원이었고, 카드 결제와 상품권 구입으로 보낸 금액은 2,980,000원으로 총 13,250,000원의 피해를 입었다.

직업재활센터 담당자가 성남시장애인권리증진센터에 의뢰하여 피해 내용을 정리하고, 수영씨와 함께 경찰서로 가서 정리한 내역을 제출하며 준사기로 경찰에 신고했다.

경찰 조사를 통해 확인해보니 영락씨는 다른 사람의 신분을 도용해 수영씨에게 접근했다. 자신의 도박 비용을 충당하기 위해 스미싱을 당하지도 않은 수영씨를 속이며 돈을 뜯어냈던 것이다.

경찰에서는 영락씨를 찾아 검찰에 넘겼고, 그 결과 구속되어 재판까지 받았으며 모든 죄를 인정했다.

그러나 영락씨를 처벌할 수는 있었지만, 수영씨가 받은 피해 금액은 어디서도 보상을 받지 못했다. 수영씨가 열심히 일하며 모아두었던 돈이었다. 영락씨가 돈을 갚는 방법 밖에는 없다! 그래서 수영씨가 돈을 받도록 하기 위해 피해를 받은 증거 자료를 첨부하여 재판부에 '배상명령 신청서'를 제출했다.

요즘 장애와 비장애를 떠나 모두 보이스피싱에서 자유로울 수 없다. 영락씨는 수영씨가 장애가 있음을 알고 고의적으로 SNS를 통해 접근했다. 수영씨에게 장애가 없었다면 영락씨가 고의적으로 그렇게 여러 차례에 걸쳐 돈을 뜯어낼 수 있었을까.

장애가 있지만 바리스타라는 직업을 꿈꾸며 열심히 일해 돈을 모은 수영씨! 도박에 눈이 멀어 타인이 열심히 일한 돈을 온갖 거짓으로 뜯어낸 영락씨. 너무나 다른 두 사람의 삶은 보이스피싱이라는 범죄의 가해자와 피해자라는 결과로 이어졌다.

채팅앱의 만남 이야기

지적장애를 가지고 있는 유정씨는 평범하게 직장생활을 하고 있었다. 그 사람을 만나기 전까지는….

친구가 필요했던 유정씨는 친구만들기 채팅 앱을 통해 태인씨를 알게 되었다. 그런 유정씨와 태인씨는 채팅을 하면서 점점 가까워져 사귀게 되었다.

"유정씨, 얼굴이 궁금해요. 사진 좀 보내줄래요?"

"유정씨, 손은 어떻게 생겼어요? 손 좀 찍어줘봐요."

"유정씨 전신 사진도…."

사귀기로 한 두 사람은 서로의 사진을 주고받기 시작했다. 그런데 주고받은 사진은 얼굴만이 아니었다. 손부터 시작해서 전신까지 신체의 일부를 사진으로 찍어서 주고받았다.

처음에는 사진만 주고받았지만 시간이 지나면서 점점 수위가 높아졌다. 단순히 얼굴과 신체 일부에서 시작한 사진이 성적인 사진들을 주고받기 시작한 것이다.

"유정씨의 모습이 담긴 동영상이 보고 싶어."

태인씨는 유정씨에게 사진뿐만 아니라 동영상까지 요구했다.

그러나 태인씨는 보○○톡으로 전화를 걸면 무섭게 변했다. 메신저를 주고받던 중 오타가 있으면 자신을 무시한다며 화를 내고 욕을 퍼부었다. 그러면서 유정씨에게 사진과 동영상을 계속 요구했고, 유정씨는 태인씨가 무서워서 시키는 대로 사진과 동영상을 전송할 수밖에 없었다.

그러던 어느 날 태인씨가 새벽에 전화해서 자신이 원하는 말과 행동을 찍으라고 지시했다.

"남친님, 잘못했습니다. 죄송합니다. 남친님을 위해서라면 무엇이든 하겠습니다."

이 말의 의미가 무엇인지, 왜 이런 말들을 자신에게 해달라고 하는 건지 모르겠지만 그런 것을 생각하기 전에 유정씨는 태인씨가 무서울 뿐이었다.

"빨리빨리 안 보내? 시키는 대로 안할거야? 확 그냥. XXXX!"

요구하는 말과 행동의 수위도 점점 높아졌다.

성적인 행위를 하도록 시켰고, 이 모습을 동영상으로 찍어 보내라고 시켰다.

유정씨가 시키는 대로 한 것은 태인씨의 욕설과 폭언이 무서워서 한 것은 아니었다. 부모님의 얼굴과 자신의 집 주소까지 아는 태인씨가 유정씨의 집으로 찾아와 엄마에게도 해를 끼치겠다고 협박했기 때문이다. 뿐만 아니라 태인씨는 유정씨가 장애인이라는 사실도 알고 있었다.

"도망가도 난 널 찾을 수 있어. 왜냐고? 넌 장애인이니까 찾는 것도 일주일 밖에 안 걸려."

태인씨는 유정씨를 협박하며 길들였던 것이다.

"우리 이제 만나자."
"왜요? 우리 꼭 만나야 해요?"
"나에게 진실되게 사과를 해야지."

무슨 사과를 하라는 건지 이해할 수 없었지만, 만나자는 의도가 성적인 관계를 가지려는 것 같아 유정씨는 두려웠다. 태인씨가 만나자고 한 뒤로 계속 성적인 이야기를 하며, 만나는 날을 잊지 말라고 계속 메시지를 보냈다. 유정씨는 싫다고 했지만, 그럴수록 태인씨는 유정씨의 집 주소를 보내며 집으로 찾아와 부모님을 만나겠다는 등의 이야기로 협박했다.

유정씨는 어떻게 해야 할지 몰랐지만 나가면 안 될 것 같다는 생각은 분명했다. 결국 유정씨는 성남시장애인권리증진센터에 상담을 요청했다.

"저, 고민이 있어서요…."

센터 담당자는 단순히 일상의 고민이 아니라 범죄와 관련된 사례임을 직감했다. 유정씨와 대화를 나누며 태인씨를 언제, 어떻게, 왜 알게 되었는지, 어떤 일이 있었는지를 파악했다. 우선은 태인씨와의 만남에 나가지 말 것을 당부했고, 연락도 끊도록 주지시켰다.

"유정씨, 절대 태인씨와 연락하지 말고, 메시지가 와도 답하면 안돼요! 혹시라도 답장 보내게 되면 '나는 사진을 보내거나 만나는 것을 원하지 않는다. 집에 찾아오지 말아라.'라고 보내고요!"

내용을 파악하고 나서 유정씨의 디지털 성범죄 피해가 진행 중인 상태이고, 태인씨가 사진과 영상을 유포할 가능성도 있기 때문에 태인씨의 협박과 사진, 동영상 유포를 막는 것이 시급했다. 그래서 센터 담당자는 유정씨에게 경찰에 신고할 것을 설득했다.

하지만 유정씨는 처음에 경찰에 신고하는 것을 원하지 않았고, 부모님께 말하는 것을 원하지 않았다. 담당자의 간곡한 설득 끝에 유정씨의 어머니께 상황을 이야기할 수 있었고, 다음 날 즉시 경찰에 신고했다.

그런데 예상치 못한 상황에 직면했다. 태인씨와의 메신저 내용이 누군가에게 보여지는 것이 두려웠던 유정씨가 메신저 내용을 모두 삭제했던 것이다. 가장 중요한 증거가 사라져 버렸다. 다행히 태인씨가 최근에 유정씨를 협박하며 만나자고 요구했던 내용은 남아있었다.

장애인 성폭력 사건인 경우에 경기남부경찰청으로 이관되어 사건이 진행된다. 그래서 인근의 경찰서에 신고했고, 진술서를 작성하고 핸드폰을 증거물로 제출했다. 핸드폰을 복구하는 포렌식 수사를 통해 유정씨가 삭제한 메신저의 내용도 복구하도록 했고, 성남시장애인권리증진센터에서도 이 모든 과정에 동행하며 지원해주었다.

유정씨는 해바라기센터에서 여자 경찰관, 진술조력인, 변호인, 신뢰관계인이 동석하여 정식 조사를 받게 되었다. 모든 진술이 녹화되었고, 진술 조력을 받아 조사를 받았다. 신고 후 조사를 받기까지 한 달 가까이 걸렸다. 진술하는 데 있어서 유정씨가 기억을 못하는 부분들도 있었지만 대부분 일관되게 진술했다.

피해자로서 범죄 피해의 상황을 다시 떠올려야 하기에 그 두려움과 괴로운 마음들을 이겨내야 하는 유정씨이다. 그래도 경찰 조사가 진행되는 한 달이라는 기간 동안 유정씨는 기억을 더듬어가며 조사에 응하면서도 잘 견뎌주었다. 제출한 핸드폰도 포렌식 수사가 완료되었다. 동영상은 없었고, 일부 사진과 대화만 복원되었다.

유정씨는 협박으로 인해서 태인씨가 찾아오지는 않을까 무서워했다. 경찰에 신변보호 요청을 하고, 경찰로부터 스마트워치를 받아서 무슨 일이 있을 경우에 즉시 신고하도록 했다. 그리고 동영상과 사진 유포를 방지하기 위해 디지털성범죄 피해자지원센터에 동영상과 사진 자료의 삭제 요청을 하고 경찰의 통보를 기다리는 중이다.

센터에서는 조사 지원과 더불어 여성장애인성폭력상담센터에 상담을 의뢰하여 유정씨가 느꼈던 성적 불쾌감과 같은 불안정한 심리 상태를 회복하기 위해 지원하고 있다.

생각해보기

- 범죄에 취약한 발달장애인을 위해 우리 사회가 변화되어야 할 것은 무엇일까요?

역지사지(易地思之).

다른 사람의 입장이나 처지를 바꾸어 생각하는 것을 의미한다.

함께 더불어 살아가기 위해서는 서로에 대해 알고 이해해야 한다고 하지만, 문득 스스로에게도 부족함이 보이고 마음에 들지 않을 때가 있는데 타인을 이해하고 받아들인다는 것이 어디 쉬운 일인가.

비장애인의 입장에서 전혀 경험해보지 못한 장애인의 입장을 이해하는 것은 쉽지 않을 것이다. 반대로 중도에 장애를 갖게 된 장애인이라면 모르지만 선천적으로 장애를 가진 장애인이라면 비장애인의 삶을 살아보지 않았기에 장애인도 비장애인의 입장을 이해하기 쉽지 않을 것이다. 나와 다른 사람을 이해하는 데 있어서 가장 도움이 되는 스킬(skill)은 '내가 상대방이라면 어떨까?'에 대해 생각해보는 '역지사지'이다.

혹자는 "내가 겪어보지도 않은 장애인의 삶을 어떻게 안다고 역지사지를 하느냐?"라고 반문할지 모른다. 그런데 인간은 감정의 동물이라 하지 않는가? 단순하게 생각해보자! 내가 좋은 건 장애인도 좋고, 내가 싫은 건 장애인도 싫을 수 있다고.

대한민국은 최근 장애인식개선교육과 장애인권교육이 법정의무가 되어 마치 '온 국민 장애 알기 프로젝트'에 돌입한 것 같다. 여기에

2022년에는 장애인들의 권리를 쟁취하기 위한 시위가 사회적 이슈가 되기도 하고, 드라마에 장애 문제가 소재로 다루어지거나 장애 당사자가 배우로 출연하는 등 온 국민이 장애 관련 문제에 관심을 갖게 하려 작정한 듯한 분위기였다.

그렇다!

이러한 사회적인 흐름을 탔기에 사실 우리는 이제 더 이상 '장애인의 인권이 존중되어야 한다'는 명제를 모르지 않는다. 다만 언제, 어떻게 해야 할지를 모를 뿐이다.

비장애인의 입장에서 자신과 다른 모습으로 살아가는 장애인을 보면 '다르다'는 생각이 들고, 그저 막연하게 '장애인의 인권이 존중되어야' 하기에 뭔지 모를 배려를 해야 할 것 같은 기분이 든다. 그래서 몸이 반응하여 무작정 달려들다 보면 장애인으로부터 냉소를 경험하게 되기도 한다.

'나는 걱정되어서 그런건데….'

'그저 잘해주고 싶어서 그런건데….'

비장애인에게는 그것이 상처로 다가와 장애인은 예민하고 까칠하며, 비장애인을 적대시한다고 오해를 하게 되기도 한다.

물론 아예 장애인에 대해 알려는 의지와 생각조차 없이 무작정 장애인에 대해 부정적으로 인식하는 사람도 적지는 않다.

장애 당사자로, 장애인복지를 전공한 신참 연구자이면서, 장애인식개선 강사로 활동하고 있는 이진영은 장애에 대해 '대놓고' 부정적인 비장애인보다 이런 '어정쩡'하게 긍정적이다가 상처받은 비장애인에게 조언해주는 것이 더 어렵다. '잘해주고 싶었던' 그들의 마음도 이해가 되기 때문이다.

그러나 어디 사람의 문제가 그리 단순하겠는가. "열길 물 속은 알아도 한길 사람 속은 모른다."는 옛말처럼 인간의 문제는 복잡하기에 장애인의 문제도 딱 잘라 "A는 B다!"라고 정의하거나 구분하기는 쉽지 않다. 장애의 유형과 정도의 차이도 각각이며, 당사자는 물론 가족과 주변인들이 그들의 장애를 어떻게 수용하고 인식하는가에 따라서도 다르고, 살아온 삶의 여정과 생활양식에 따라서도 천차만별이기 때문이다.

그래서 이 책의 제목을 『알면서도 몰랐던 장애 이야기』로 정했다. 장애인의 인권이 비장애인의 인권과 다르지 않음을 잘 아는 우리이지만, 구체적으로 어떤 상황들이 장애인의 인권 침해 상황인지, 배려를 가장한 차별과 배제가 될 수 있는 상황인지 독자들께 전해주고 싶었다.

작년 이맘 때즈음 성남시장애인권리증진센터에서 취합된 사례들을 가져와 많은 이들이 장애인의 인권을 편안하게 접할 수 있는 책이 만들어지면 좋겠다며 이준우 교수님께 제안을 해왔다. 이진영은 당연히 그건 '교수님의 일'로 여겼다. 그런데 그 일이 곧 '자신의 일'도 될 줄은 몰랐다.

아직 연구하는 글쓰기도 쉽지 않은 신참 연구자로서는 '감히!' 책을 집필하는 일이 엄두가 나지 않는 작업이었다. 성남시장애인권리증진센터로부터 전달받은 사례들과 지도교수인 이준우 교수님의 저서들의 사례를 모아 늘어놓고 보니 눈앞은 캄캄해지고 머릿속은 하얘졌다. 잠을 자면 정신이 맑아질까 싶어 잠자리에 들었지만, 꿈에서조차 사례집을 쓰느라 머리를 싸매고 파란마음과 성남시장애인권리증진센터로부터 독촉을 받고 있는 것이 아닌가! 심지어 꿈에서 지도교수님께 "내가 이러자고 너랑 같이 책 쓰자 한줄 아느냐!"고 혼나기까지….

상황이 이렇다보니 함께 책을 쓴 지도교수님과 서로를 의지하는 것밖에 방법이 없었다. 이진영은 교수님의 오랜 기간 장애인복지 사역을 하시며 연구하신 학자로서의 통찰력에 의지하고, 교수님은 이진영의 장애 당사자로서 삶의 경험과 그 속에서 느끼는 감정들에 의지하였다.

두 저자는 서로 머리를 맞대며 수개월을 보냈다.

아직 정제되지 않은 글쓰기를 하는 신참 연구자이지만 장애 당사자로서의 경험을 존중하고 공동 집필의 기회를 주신 이준우 교수님께 감사드린다.

그리고 장애인의 권리보장과 대사회적인 인식개선이라는 대의를 품고 사례집 출판을 제안하고 좋은 사례들을 취합해주고 협조해주신 성남시장애인권리증진센터에 감사드린다. 두 저자가 집필의 방향과 컨셉을 잡는 데 도움이 되도록 취지와 사례에 대한 의견을 적극적으로 주신 김상우 팀장님과 중간에서 소통해주신 이경미 선생님께 특별히 감사의 말씀을 전하고 싶다.

무엇보다 수개월 동안 편집과 출판의 기간을 뛰어넘어 원고를 전했음에도 그때까지 묵묵히 인내하고 기다려주신 도서출판 파란마음 황

호철 대표님과 편집과 제작을 위해 애써주신 직원 여러분께도 감사드린다.

지도교수님만큼이나 바쁜 일정 중에도 집필 참여가 처음인 동생의 시도때도 없는 질문에도 늘 친절하게 설명해주고 무엇보다 원고를 처음부터 끝까지 검토해주신 박종미 박사님께 감사와 사랑의 마음을 전한다. 또한 지도교수님과의 공동 집필이기에 수시로 소통해야 하지만 교수님께서는 우주에서 제일 바쁘다 해도 과언이 아닐 정도로 바쁘시기에 교수님과의 원활한 소통을 위해 중간에서 애써준 강이슬 실장에게도 감사의 마음을 전한다. 교수님의 제자로 한 연구실 안에서 맺어진 선후배의 인연들이 있어 늘 든든하다.

두 저자의 노력과 많은 이들의 협조와 응원으로 만들어진 이 책이 많은 분들께 읽히고 공감을 얻어, 우리 사회의 장애인과 비장애인의 사이가 조금 더 가까워지기를 바란다!

2022년의 끝자락에

김도현(2007). 당신은 장애를 아는가: 장애·장애문제·장애인운동의 사회적 이해. 서울: 메이데이.

김도현 역(2011). 우리가 아는 장애는 없다: 장애에 대한 문화인류학적 접근. 서울: 그린비. Ingstad, B., & Whyte, S. R. (1995). *Disability and Culture*. California: University of California.

성남시장애인권리증진센터(2017). 나를 알아줘. 성남: 성남시장애인권리증진센터.

성남시장애인권리증진센터(2020). 나를 알아줘 2. 성남: 성남시장애인권리증진센터.

손홍일 역(2015). 보통이 아닌 몸: 미국 문화에서 장애는 어떻게 재현되었는가. 서울: 그린비. Thomson, R. G. (1997). *Extraordinary bodies: figuring physical disability in American culture and literature*. New York: Columbia University Press.

장애인법연구회(2021). 장애인차별금지법 해설서. 파주: 나남.

황지성·김은정 역(2013). 거부당한 몸: 장애와 질병에 대한 여성주의 철학. 서울: 그린비. Wendell, S. (1996). *The Rejected Body: Feminist Philosophical Reflections on Disability*. New York: Routledge.

◈ 성남시에 거주하는 장애인의 인권침해(차별 및 학대 신고)

지역	기관명	전화번호	주소
경기	성남시장애인 권리증진센터	031-725-9507	경기도 성남시 분당구 야탑로 227, 1층

◈ 장애인 차별 신고

☎ 국가인권위원회 1331

- 국가인권위원회 및 지역 인권사무소

지역	기관명	전화번호	주소
서울	국가인권위원회	1331	서울시 중구 삼일대로 340, 나라키움 저동빌딩
부산	부산인권사무소	051-851-0656	부산광역시 연제구 중앙대로 1000, 국민연금 부산회관 8층
광주	광주인권사무소	062-710-9714	광주광역시 동구 금남로 154-1, ㈜아모레퍼시픽 5층
대구	대구인권사무소	053-255-7010	대구광역시 중구 국채보상로 648, 호수빌딩 15층
대전	대전인권사무소	042-472-9045	대전광역시 서구 문정로 48번길 30, KT탄방타워 13층
강원	강원인권사무소	033-813-9931	강원도 원주시 능라동길73, 대원신용협동조합 4층
제주	제주출장소	064-758-6081	제주시 중앙로 273, 나라키움 제주마루 2층

◈ 장애인 학대 신고

☎ 경찰 112

☎ 장애인권익옹호기관 1644-8295

- 전국 장애인권익옹호기관

지역	기관명	전화번호	주소
서울	중앙장애인 권익옹호기관	02-6951-1790	서울특별시 영등포구 양평로22길 21, 코오롱디지털타워 1412호
	서울장애인 권익옹호기관	02-3453-9527	서울특별시 강남구 도곡로 416, 서울시립장애인행복플러스센터 6층
부산	부산장애인 권익옹호기관	051-715-8295	부산광역시 연제구 법원로16번길 10, 금복빌딩 6층
대구	대구장애인 권익옹호기관	053-716-8295	대구광역시 동구 동부로22길 2, 서한코보스카운티 403호
인천	인천장애인 권익옹호기관	032-425-0900	인천광역시 미추홀구 경원대로 869, 르네상스빌딩 1801호
광주	광주장애인 권익옹호기관	062-716-1633	광주광역시 서구 상무대로 719, 나라빌딩 2층
대전	대전장애인 권익옹호기관	042-631-5667	대전광역시 동구 계족로 499, 루루빌딩 3층
울산	울산장애인 권익옹호기관	052-260-8295	울산광역시 남구 중앙로 311, 연세H타워 2층
세종	세종장애인 권익옹호기관	044-905-8295	세종특별자치시 한누리대로 2107, 보람종합복지센터 121호
경기	경기장애인 권익옹호기관	031-287-1134	경기도 수원시 권선구 서수원로 130, 경기도장애인복지종합지원센터누림 208호
	경기북부장애인 권익옹호기관	031-851-1007	경기도 의정부시 오목로 225번길 140, 성산타워 301호
강원	강원장애인 권익옹호기관	033-264-8296	강원도 춘천시 퇴계로 199, 경림빌딩 2층
충북	충북장애인 권익옹호기관	043-287-8295	충청북도 청주시 서원구 1순환로 1063번길 61-54, 라데팡스타워 303호
충남	충남장애인 권익옹호기관	041-551-8295	충청남도 천안시 동남구 청수14로 56, 천안법조플라자 301호
전북	전북장애인 권익옹호기관	063-227-8295	전라북도 전주시 완산구 홍산남로11-10, 경희궁빌딩 5층

지역	기관명	전화번호	주소
전남	전남장애인 권익옹호기관	061-285-8298	전라남도 목포시 영산로633, 힐링타워 2층
경북	경북장애인 권익옹호기관	054-282-8295	경상북도 포항시 남구 대잠동길 4-5
경남	경남장애인 권익옹호기관	055-603-8295	경상남도 창원시 성산구 중앙대로85, 리제스타워 210호
제주	제주장애인 권익옹호기관	064-900-9695	제주특별자치도 제주시 청귤로5길 21, 1층

저자소개

이준우(李峻宇)

총신대학교 종교교육학과 졸업
총신대학교 신학대학원 실천신학 수료
숭실대학교 대학원 사회복지학 석사 · 박사(MA, Ph. D)
미국 사우스웨스턴침례신학대학원 목회학 박사(D. Min)

강남대학교 복지융합대학 사회복지학부 교수
강남대학교 일반대학원 수화언어통번역학과 주임교수
강남대학교 (TF)Wel-Tech 기업협업센터(ICC) 센터장
강남대학교 산학협력단 부설 한국CISM연구소 소장
미국 풀러신학대학원(Fuller Theological Seminary) 겸임교수
미국 월드미션대학교(World Mission University) 겸임교수
한국수어학회 학회장
지구촌교회 농아부 지도목사

(2008~2012) 화성시남부노인복지관 관장
(1997~2012) 남서울은혜교회 장애인위원회 지도목사
(1997~1999) 사회복지법인 밀알복지재단 사무국장
(1991~1997) 충현교회 청각장애인부 지도교역자
(1989~1990) 사단법인 베데스다선교회 교육간사

이진영(李璡榮)

나사렛대학교 인간재활학과 졸업
강남대학교 사회복지전문대학원 사회복지학 석사
강남대학교 사회복지전문대학원 사회복지학 박사수료

베데스다사회복지연구원 부원장
강남대학교 산학협력단 부설 한국CISM연구소 연구원
한국장애인개발원 위촉 장애인식개선교육 전문 강사
한국장애인고용공단 직장 내 장애인 인식개선교육 전문 강사
한국사회복지인권연구소 장애인인권교육 강사

(2017~2018) 해피유자립생활센터 사회복지홍보단 리더
(2011~2011) 서초장애인자립생활센터 권익옹호팀

알면서도 몰랐던 장애 이야기

초판 1쇄 인쇄 2022년 12월 13일
초판 1쇄 발행 2022년 12월 20일

지은이_ 이준우·이진영
펴낸이_ 황호철
펴낸곳_ 도서출판 파란마음
주소_ 04315 서울시 용산구 백범로90라길 47
전화_ (02) 3275-2110~1 팩스_ (02) 3275-2199
홈페이지_ http://paranmaum.co.kr/
등 록_ 2006년 4월 24일·제302-2006-00024호

ISBN 979-11-90935-51-7 93330
값 18,000원